마흔 살, 무조건 행복할 것

40대에 알았더라면 인생이 달라졌을 것들

마흔 살, 무조건 행복할 것

| 김옥림 지음 |

팬덤북스

인생 제2막을
새롭게 열 준비를 하는
40대들에게

40대를 보내고 50대에 들어섰을 때 처음 얼마간은 실감이 나지 않았다. 그러다 시간이 흐르면서 '아, 나도 이제 인생 후반기로 향하는 길에 본격적으로 접어들었구나' 하는 생각이 들었다.

하늘의 뜻을 안다는 지천명知天命. 하늘의 뜻을 안다는 것은 인생의 한 고지를 점령한 것과 같다. 지금은 좋은 음식과 의학의 발달로 평균 수명이 80살에 이른다. 50대도 한창일 만큼 풋풋한 나이라고 할 수 있다. 수십 년 전만 해도 50이란 나이가 차지하는 수는 지금과는 사뭇 달랐다. 말하자면 중노인 측에 속했다고 할 수 있다. 그렇게 본다면 탈 없이 50대에 들어섰다는 것은 감사하고 고마운 일이다.

그런데도 지금껏 잘 지내 온 것에 대한 감사함과 알 수 없는 아쉬움이 교차했다. 30대를 보내고 40대에 들어섰을 때는 전혀 느끼지 못한 느낌이었다. 오히려 40대에 들어섰을 때는 사회인으로서의 책임감과 뿌듯한 마음까지 들었다. 40대와 50대에 느끼는 차이는 나로 하여금 지금까지의 나를, 그리고 앞으로의 나를 좀 더 객관적으로 바라보게 했다. 50대로서 내가 앞으로 해나갈 목표 몇 가지를 세우게 되었다.

첫째는 좀 더 나를 즐기며 살아야겠다고 생각했다.

40대를 보내 놓고 나니 왜 좀 더 즐겁게 살지 못했는지 가슴이 저릴 만큼 미련이 남는다. 인간의 어리석음 중 하나는 지난 뒤에야 과거의 소중함을 깨닫는다는 것이다. 나 또한 예외를 벗어날 수 없는 어리석은 존재라 지난 40대에 대한 아쉬움을 떨쳐 버릴 수가 없다. 이제 남은 세월이 지나간 세월보다 짧다. 더더욱 즐겁고 유쾌하게 살아야겠다는 마음이 간절해졌던 것이다.

삶은 흐르는 강물과 같아 한 번 지나가면 다시는 되돌릴 수 없다. 이런 절절한 깨달음을 나보다 어린 인생의 후배들에게 들려줌으로써 그들이 마음의 여유를 갖고 웃음을 지으며 좀 더 삶을 즐기며 살기를 소망한다.

둘째, 하루하루 매 순간을 감사하며 살자고 결심했다.

날마다 눈뜨면 사랑하는 사람들을 볼 수 있음에 감사하고, 푸른 하늘과 아름다운 자연을 볼 수 있음에 감사하고, 먹을 수 있는 즐거움에 감사하고, 내가 하는 일에 대해 감사해야겠다. 손을 꼽아 보니 감사해야 할 것들이 왜 그리도 많은지. 지금의 내가 40대의 나

였더라면 보다 값지고 아름답게 살았을 것이다. 감사할 것이 많다 보니 그만큼 눈물도 많아지고, 눈물의 깊이도 더 깊어졌다. 이 눈물은 감사함에서 오는 행복한 눈물이다. 더 많이 감사하고, 더 많이 감사의 눈물을 흘릴 것이다.

셋째, 나의 일을 더 열정적으로 해야겠다고 다짐했다.

나는 작가이자 시인이다. 나에게 글쓰기의 재능을 주신 하나님께 감사한다. 하나님께서 주신 재능에 대한 보답으로 더욱 열심히 글을 쓰며 살아야겠다. 누군가에게 꿈을 주고, 용기를 주고, 희망을 주는 글쓰기를 한다는 것은 가장 멋진 창작의 세계를 사는 일이다. 나는 누구나 부러워하는 그 어떤 직업과도 작가의 길을 바꾸지 않을 것이다. 그 어떤 권세와 부와 명예와도 바꾸지 않을 것이다.

비록 가난하지만 작가에 대한 자부심과 긍지를 한시도 잊어 본 적이 없다. 좀 더 많이 읽고, 좀 더 많이 생각하고, 좀 더 많이 쓸 것이다. 어차피 죽으면 썩어질 몸 아닌가. 인생의 후배들을 위해 철저히 나를 소진할 것이다. 누군가에게 삶의 작은 도움이라도 줄 것이다. 나는 스스로를 게을리 하는 짓은 추호도 용납하지 않을 것이다. 오직 나는 작가의 사명을 다할 것이다. 나는 시인이고 작가인 내가 자랑스럽다.

넷째, 나는 영원한 청춘으로 살겠다고 자신에게 약속했다.

유대인 출신 미국 시인인 사무엘 울만의 <청춘>이란 시를 좋아한다. 그의 표현대로 나이는 숫자에 불과하다. 스무 살 청년도 마음이 늙으면 청춘이 아니다. 여든의 노인이라도 마음이 젊으면 청춘이다. 눈을 감는 그날까지 영원한 청춘으로 살고, 사랑을 하고, 나보다는 타인을 위해 봉사하며 살아갈 것이다.

다섯째, 나의 원칙을 끝까지 지키며 살 것이다.

나에게는 작가로서의 원칙이 있다. 돈과 관련된 경제 서적은 절대로 쓰지 않는다. 나는 돈이 인생의 전부가 아니라고 생각한다. 돈은 인간이 살아가는 데 필요한 만큼만 있으면 된다. 나까지 나서서 돈 벌라는 책을 쓰고 싶지 않다.

또 하나는 공부를 잘하게 하는 요령을 가르치는 책이다. 나는 공부보다는 각자의 재능을 더 중요하게 생각한다. 강연을 할 때도, 사람들과 이야기를 할 때도 자신이 좋아하는 일을 하라고 항상 주장한다. 자신이 하고 싶은 일을 할 땐 힘들어도 즐겁고 행복하다.

나는 어떤 순간에도 원칙을 고수할 것이다. 원칙이 없는 삶은 뿌리 없는 나무와 같다.

2년 전 《어려움을 이기는 10가지 법칙》이란 책을 내고 난 어느 날 한 통의 전화를 받았다. 전화를 한 사람은 마흔한 살의 남자였다. 그는 책을 읽고 자신의 고민을 상담받고 싶어 실례를 무릅쓰고 전화를 했다고 했다.

그는 30대 후반에 직장을 그만두고 사업을 시작했다. 직장은 썩 괜찮았다. 자신이 하고 싶은 일이 생겨 직장을 그만두었다는 것이다. 그 후 이상하게도 하는 일마다 뜻대로 되는 게 없었다. 그러다

4년이 흘렀고, 지금은 몸과 마음이 지칠 대로 지쳐 무엇을 한다는 게 두려워졌다. 하루하루를 힘겹게 보내던 중 서점에 갔다가 내 책을 보게 되었다고 했다.

그의 목소리에는 많은 피로감이 묻어났다. 패기 넘치는 30대 후반에 잘나가는 직장을 그만두고 새롭게 시작한 일이 실패했을 때의 좌절감은 실로 컸을 것이다. 더구나 그때까진 어떤 실패도 없이 잘 지내 왔던 그였기에 상실감은 실로 컸다.

나는 잠시 생각하다 말했다. 나 역시 30대 중반까지 직장 일을 하다 지금이야말로 글쓰기를 본격적으로 할 때라 여겨 과감하게 사표를 집어던졌다. 당시 나는 시인으로서 늘 글쓰기에 목말라 있었다. 새로운 도전이 필요했다. 나는 과감하게 도전장을 내밀었다. 우리나라에서 글만 써서 산다는 것이 얼마나 무모하고 힘든 일인지를 잘 알면서도 말이다. 몇 년 후 그 대가를 혹독하게 치렀지만, 나는 좌절하지 않았다. 상실감을 딛고 포기하지 않고 집중한 끝에 지금에 이르렀다고 말해 주었다. 내 얘기를 듣고 그가 떨리는 목소리로 말했다.

"선생님, 저도 희망을 가져도 될까요?"

"물론입니다. 희망은 자신을 버리지 않는 한 절대 외면하지 않습니다. 당부하고 싶은 말은 처음 일을 시작했을 때처럼 과욕을 부리면 안 된다는 것입니다. 한 가지 일에만 매달리지 마세요. 모든 가능성을 열어 놓고 일을 시작해 보세요. 세상은 원하는 대로 되지 않는 경우가 많습니다. 여러 가지 가능성을 보며 작은 일부터 시도해 보세요. 일이 잘되었을 때 그보다 좀 더 나은 일에 도전하는 겁니다. 절대 서두르지도 마세요. 서두른다고 일이 잘되고 돈이 벌리는 것은 아닙니다. 지혜롭게 성실히 하다 보면 돈도 따라오고, 일도 잘되는 것입니다. 세 번의 실패는 더 좋은 것을 주기 위한 인생의 선물이라고 긍정적으로 생각하세요.”

그는 내 이야기를 듣고 큰 용기를 얻었다며 감사해했다. 글을 쓰던 도중 2시간 가까이 시간을 허비했지만, 나도 그를 통해 일과 삶의 소중함을 다시금 깨닫는 생산적인 시간이 되었다. 나는 진심으로 그의 앞날을 빌어 주었다.

인생은 원하는 대로 살아지기도 하고, 살아지지 않기도 한다. 원하는 대로 살아지면 지극한 마음으로 감사하라. 원하는 대로 살아지지 않더라도 좌절하지 말고 불평하지 말라. 지금 하는 일이 곧 자신의 일이다. 그 일을 누가 대신해 줄 수 없지 않은가. 그렇다면 그 또한 감사하게 생각하라.

인류의 모든 불행은 감사하지 않는 데서 시작된다. 더 많이 가지려고 굳이 애쓰지 않았으면 좋겠다. 재물은 억지로 갖고 싶어 한다고 가져지는 것은 아니다. 억지로 가지려고 하니 편법을 쓰게 되고, 남에게 상처를 주고, 자신의 양심에 먹칠을 하는 것이다. 그렇게 해서 번 돈으로 먹은들 온전한 양식이 되겠는가. 그것은 양식을 먹는 것이 아니라 양심을 파는 일이다. 주어진 일에 최선을 다하며 살면

9

된다. 좀 더 인간미 넘치는 일에서 보람을 찾고, 자신에게 떳떳한 일에 감사하라. 감사하며 사는 일이 많은 사람일수록 인생을 가치 있게 사는 사람이다.

프리드리히 니체는 다음과 같이 말했다.

"동일한 일에서도 어떤 사람은 그것으로부터 한두 가지 정도밖에 이끌어 내지 못한다. 그러면서 그것은 능력의 차이에서 온다고 여긴다. 사실 사람은 어떤 대상물에서 무엇인가를 이끌어 내는 것이 아니다. 그 대상물에 의해 촉발된 자신 안의 무언가를 스스로 찾아내고 이끌어 가는 것이다. 결국 풍요로운 대상물을 찾을 것이 아니라, 자신을 풍요롭게 만들어야 한다. 그것만이 자신의 능력을 높이는 최고의 방법이며, 인생을 풍요롭게 사는 방법이다."

니체 역시 어떤 대상이 아니라 자신의 내면세계를 통해 인생을 풍요롭게 하라고 말한다. 자신의 내면 가치가 튼실할 때 스스로의 삶을 컨트롤할 수 있는 힘이 길러지고, 그로 인해 풍요로운 마음을 갖게 되는 것이다. 니체의 말은 참으로 적절한 지적이 아닐 수 없다.

이 책은 40대를 살아오면서 수많은 실수를 통해 깨달은 소중한 생각, 실패를 경험하고 얻게 된 생각, 시행착오를 겪으며 알게 된 생생한 경험을 토대로 써졌다. 말하자면 소중한 경험의 집합체인 것이다.

경험보다 소중한 지혜는 없다. 유대인이 세계에서 가장 우수한 민족으로 인정받는 이유는 오랜 선조 때부터 내려오는《탈무드》를 탐독하고 그에 따라 실천했기 때문이다. 《탈무드》는 유대인들이 소중한 경험을 통해 터득한 지혜를 5,000년 동안 기록한 책이며, 지금도 새롭게 기록되고 있다. 이렇듯 모든 지혜는 경험에서 오는 것이다.

40대! 40대는 인생에 있어 가장 중요한 시기이다. 가정에서나 직장에서나 사회적으로나 가장 중심축을 이루는 시기이다. 이 시기를 어떻게 보내느냐에 따라 후반부의 삶이 결정된다. 혹여 지금까지의 삶에 만족하지 못했다면, 또한 만족했더라도 새로운 세계를 꿈꾼다면 새로운 일에 익숙해지길 바란다.

나는 대한민국의 40대들과 나의 경험을 공유하길 원한다. 이 책이 40대로 살아가는 모든 이들에게 소중한 경험과 지혜를 선물했으면 한다. 작은 도움이라도 된다면 그것 또한 감사하게 여길 것이다. 세상이 참 고맙고 감사하다. 대한민국 40대 모든 분들에게 풍요로운 행복이 함께하길 기원한다.

2011년 10월
김옥림

| 차례 |

CHAPTER 3

혼자라고 느낄 때
더 많이 사랑하라

CHAPTER 4

자신의 존재성을 믿고,
자존감을 존중하라

CHAPTER 5

평생을 함께할
파트너를 곁에 둬라

CHAPTER 1

포기할 만큼 힘들어도
원칙은 있다

청춘이란 인생의 어떤 기간이 아니라 그 마음가짐이네.

장밋빛 뺨, 붉은 입술, 유연한 무릎이 아니라

늠름한 의지, 빼어난 상상력, 불타는 정열,

삶의 깊은 데서 솟아나는 샘물의 신선함이라네.

청춘은 겁 없는 용기, 안이함을 뿌리치는 모험심을 말하는 것이라네.

때로는 스무 살 청년이 아니라 예순 살 노인에게서 청춘을 보듯이,

나이를 먹어서 늙는 것이 아니라 이상을 잃어서 늙어 간다네.

생각이 늙으면 마음도 늙는다
청춘의 마음으로 살아라

청춘이란 인생의 어떤 기간이 아니라 그 마음가짐이네.

장밋빛 뺨, 붉은 입술, 유연한 무릎이 아니라

늠름한 의지, 빼어난 상상력, 불타는 정열,

삶의 깊은 데서 솟아나는 샘물의 신선함이라네.

청춘은 겁 없는 용기, 안이함을 뿌리치는

모험심을 말하는 것이라네.

때로는 스무 살 청년이 아니라 예순 살 노인에게서 청춘을 보듯이,

나이를 먹어서 늙는 것이 아니라 이상을 잃어서 늙어 간다네.

사무엘 울만의 <청춘>이란 시의 1연과 2연이다. 사무엘 울만은
청춘이란 나이의 숫자에 의미를 두는 것이 아니라 마음가짐에 있
다고 했다. 끊임없는 영감의 발견과 희망을 갖고 노력하는 사람은

예순의 노인도 청춘일 수가 있다. 그렇지 않으면 스물의 나이에도 청춘이 아니라고 말한다. 참으로 옳은 지적이다.

글을 쓰기 위해 많은 사람들을 만나고 취재하다 느낀 바가 있다. 나이는 40대인데 마음의 나이는 50대, 60대를 지나 있다는 것이다. 매우 놀라지 않을 수 없었다.

"인생 뭐 있나요. 되는 대로 사는 거지요, 뭐."

내가 가장 많이 들은 이야기이다. 인생의 한창 때인 40대의 입에서 나온 말치고는 너무 소극적이고 무책임한 말이 아닐 수 없다. 안다. 그들이 왜 이런 말을 하는지를. 그만큼 자신이 힘들다는 이야기이다.

너나 할 것 없이 현실이라는 시간 속에서 살고 있고, 대한민국이라는 사회에서 살고 있다. 문제는 삶의 가치와 생각의 차이가 너무도 판이하게 다르다는 것이다. 삶의 가치와 생각의 차이를 좁힐 필요가 있다. 그러지 않는다면 영원한 패배자로 남을 수 있다.

비생산적인 삶의 자세를 바꾸려면 마음을 바꾸어야 한다. 내가 힘들면 남도 힘들고, 내 마음이 아프면 남도 아프다. 대한민국이라는 현실의 울타리에서 숨 쉬며 살아가는데 어찌 다를 수 있겠는가. 다 똑같지만 그 현실을 받아들이는 마인드에 차이가 있다. 왜 그런 생각은 하지 않고 자기 연민에 빠져 스스로를 무가치한 사람으로 전락시키려고만 하는가. 자신을 무가치한 사람으로 전락시켜 봐야 돌아오는 건 부정적이고 비관적인 아픔뿐이다.

터닝 포인트turning point란 말이 있다. 자신의 현실을 새로운 현실로 나아가게 하는 삶의 전환을 말한다. 자신이 힘들다고 여길 때일수록 삶의 전환이 필요하다.

지금부터 500여 년 전 에스파냐(지금의 스페인)에 한 남자아이가 태어났다. 아버지는 외과 의사였지만, 각지를 떠도는 바람에 아이는 정규 교육도 제대로 받지 못했다. 그런데도 그는 로페스 데 오요스가 편집한 펠리페 2세의 왕비에 대한 추모 시문집에 세 편의 시가 수록될 만큼 교양과 문학 자질을 지녔다.

1569년 이탈리아로 간 그는 군대에 들어갔다. 2년 후 그는 터키와의 레판토 해전에 참가했다가 총에 맞는 불운을 겪었다. 목숨은 구했으나, 그 사고로 왼쪽 팔을 쓰지 못하게 되었다. 1575년 공로를 인정받아 왕의 동생이자 제독인 후안으로부터 훈장을 받고 귀국하던 중 터키 해적선의 습격을 받아 포로가 되고 말았다. 그는 5년 동안 알제리에서 노예 생활을 하며 청춘을 썩혀야만 했다. 네 번이나 탈출을 시도했지만 모두 실패했다. 처형당할 위기에 처하기도 했으나 주위의 도움으로 극적으로 살아났다.

그의 나이 33세. 고국으로 돌아와도 기다리고 있는 것은 가난한 시련뿐이었다. 그는 돈을 벌려고 소설과 희곡을 썼지만 빛을 보지 못했다. 그는 먹고살기 위해 말단 세금 수금원으로 일했다. 그러다 공금을 맡겨 두었던 은행가의 잠적으로 공금 횡령이라는 죄목으로 투옥되었다. 그는 아무런 잘못도 없이 억울한 옥살이를 한 끝에 풀려났다. 훗날 이때가 자기 인생에서 가장 혹독했던 시절이었다고 고백할 만큼 힘든 시기를 보냈다.

그러나 그는 자신의 인생을 포기하지 않았다. 이대로 끝나 버리면 영원한 인생의 패배자라는 생각이 들었다. 그 생각은 인생에 터닝 포인트를 만들었다. 그는 마음을 다잡고 꿈을 이루기 위해 펜을 잡았다. 그의 나이 56세였다.

그는 밤낮으로 글을 썼다. 뒤늦은 나이에 글을 쓴다는 것은 마음처럼 쉽지 않았다. 글이 마음에 들지 않으면 다시 썼고, 막히면 멈췄다가 마음에 드는 생각이 떠오를 때 썼다. 그는 온 힘을 쏟은 끝에 드디어 소설을 탈고하였다. 그의 나이 58세였다.

그가 쓴 작품은 지금까지도 세계적인 명작으로 평가받고 있다. 2002년 54개국 100명의 작가를 대상으로 실시된 설문 조사에서 '역사상 최고의 소설'로 뽑힌 《돈키호테》이다. 모두 알다시피 그 소설을 쓴 작가는 바로 미겔 데 세르반테스이다.

그는 잘난 귀족 출신도 아니고, 부유하지도 않았다. 배움도 짧은 사람이었다. 한마디로 별 볼일 없는 사람이었다. 게다가 전쟁으로 부상을 당했고, 해적에게 붙잡혀 노예 생활도 했고, 죄를 뒤집어쓰고 투옥되는 등 파란만장한 삶을 살았다. 그런 그가 56세라는 나이에 꿈을 새롭게 불살라 불후의 명작을 쓸 수 있었던 것은 청년 정신으로 자신을 무장했기 때문이다. 만일 자신을 개 같은 인생이라고 여겼다면, 그는 영원한 인생의 패배자로 남았을 것이다.

얼마 전 타계한 소설가인 그녀. 그녀의 삶 또한 순탄치 않았다. 그녀는 푸른 꿈을 안고 서울대에 입학했지만, 육이오 전쟁과 가정의 생계 때문에 그만두어야 했다. 얼마 후 결혼을 한 그녀는 자신의 꿈을 가정생활 속에 파묻어야 했다. 그녀는 보통 주부들처럼 남편과 자식을 위해 자신을 바쳐야만 했다. 남편을 먼저 잃고, 연이어 사고로 사랑하는 아들도 잃는 불행을 겪기도 했다. 그녀는 고난의 광풍에 휘둘리며 쓰디쓴 인생의 열패감 속에 시달렸다.

그래도 그녀는 쓰러지지 않았다. 자신이 해야 할 일을 찾았던 것이다. 나이 40살에 그녀는 펜을 들었다. 자신이 겪었던 아픔의 세월을 글로 쓰기 시작했다. 심혈을 기울인 끝에 소설이 완성되자 <여성동아> 소설 현상 모집에 응모하였다. 결과는 당선이었다.

그 후 그녀는 내놓는 작품마다 문단의 호평을 받았고, 독자들의 열렬한 사랑을 받았다. 그녀의 주요 대표작으로는 소설 《그 많던 싱아는 누가 다 먹었을까》, 《그 남자네 집》, 《엄마의 말뚝》, 《친절한 복희씨》 등을 비롯해 산문집 《못 가본 길이 더 아름답다》 등의 많은 작품이 있다.

그녀가 후배 작가들의 존경을 받고 독자들을 감동시켰던 것은 세상과 이별을 할 때까지도 손에서 펜을 놓지 않았다는 사실이다. 그녀는 비록 40이라는 늦은 나이에 등단했지만, 누구보다도 치열한 작가 정신을 보여준 우리 시대의 위대한 작가였다. 그녀는 바로 박완서이다.

우리가 여기서 주목해야 할 것은 그녀가 남긴 업적이 아니다. 그녀는 40이라는 나이에도 꿈을 잃지 않았다는 것이다. 더구나 여자 나이 40에 무엇을 한다는 것은 1970년대 당시로는 매우 힘든 일이었다. 그런데도 그녀는 시도를 했고 결국 해냈다. 그녀의 청년 정신은 평범했던 삶을 180도로 완전히 뒤바꾸어 놓았던 것이다.

세르반테스와 박완서가 성공적인 인생을 살 수 있었던 것은 어떤 상황에서도 절망하지 않고 새로운 인생의 터닝 포인트로 삼았다는 데 있다. 인간의 삶이란 시대를 떠나 별반 다를 게 없다는 점에 주목할 필요가 있다. 사람들 중엔 이에 대해 핏발 세워 반박하기도 한다.

"그때는 상황이 지금하고는 달랐겠지. 아니면 뭔가 그만한 여건이 되었겠지."

이런 말을 하는 사람들은 대개 열패감에 빠진 사람들이거나, 삶의 목표를 잃고 인생의 바다에서 표류하는 사람들이다. 왜 자신을 스스로 못난 사람으로 전락시키려 하는가. 자신을 직시하는 눈과 세상을 보는 눈을 가져야 한다.

내가 문예창작을 강의할 때 일이다. 문학 수업을 받는 사람들 중엔 50, 60대 층도 많았다. 문학 강의를 듣는 자세가 자못 그렇게 진지할 수가 없다. 어쩌다 질문이라도 할라치면 수줍어하는 모습이 순수한 소녀와 소년 같다. 그들은 뒤늦게나마 자신이 하고 싶은 문학을 공부한다는 것에 매우 행복해했다.

"선생님, 저는 이 나이에 문학을 공부하는 것이 너무 감사해요. 저도 제 꿈을 이룰 수 있을까요?"

이 말을 한 사람은 수강생 중 제일 연장자인 67세의 여성이다.

"그럼요. 열정을 갖고 꾸준히 하시면 충분히 할 수 있습니다. 작품도 좋습니다. 그러니 지금처럼 열심히 하시면 됩니다."

그녀는 내 말에 환하게 웃었다. 2년의 수업을 마치는 동안 그녀는 각종 백일장에서 최우수상을 받는 등 놀라운 성과를 이뤄 냈다. 소녀 때부터 꿈에 그리던 시인으로 등단하는 기쁨을 누린 것이다.

비단 그녀만의 이야기가 아니다. 함께 공부했던 수강생 중 좋은 결과를 낸 사람들 중엔 50대가 30, 40대보다도 더 많았다. 나이는 단지 숫자에 불과했다. 생물학적인 나이보다 더 중요한 것은 무엇을 이루겠다는 열정의 나이였다. 지금도 열심히 활동하고 있다는 소식이 들려올 때면 그들이 꿈을 이루는 데 작은 힘이라도 되었다는 것에 흡족한 마음이 든다.

40이라는 나이는 매우 중요하다. 인생을 80으로 보았을 때 딱 중반의 나이인 것이다. 중간이라는 말은 허리를 의미한다. 축구 경기에서 허리를 맡고 있는 미드필더의 역할은 매우 중요하다. 미드필더가 제 역할을 못하면 상대팀의 공격을 쉽게 허용하여 패배하기 십상이다. 인생의 미드필더인 40대. 그 나이에 '인생 뭐 있나요. 되는 대로 사는 거지요, 뭐'라고 말한다는 것은 얼마나 치졸하고 무책임한가. 인생은 마음먹은 대로 되어진다.

"꿈꾸는 것은 무엇이든 이룰 수 있다."

시, 비평, 정치, 과학 등 다방면에서 뛰어난 두각을 보인 독일의 시성 괴테의 말이다.

"오늘이라는 날은 두 번 다시 돌아오지 않는다. 이를 잊지 마라."

영원한 세계의 고전《신곡》을 쓴 이탈리아 시성 단테의 말이다.

꿈은 인생의 나이를 따지지 않는다. 다만 못난 사람들이 나이로 꿈을 꾸니, 못 꾸니 하며 떠들어 댈 뿐이다. 나이를 먹어 갈수록 나는 내 자신이 너무 소중하다는 생각을 하게 된다. 좀 더 열심히 살아야겠다는 생각이 간절하다. 왜 그런 생각이 드는 걸까. 인생은 단한 번뿐이라는 생각이 나를 더욱 삶 앞에 경건하게 하고, 진실한 마음을 갖게 한다.

이제는 한시라도 나를 게을리할 수가 없다. '더 좋은 책을 쓰자. 더 좋은 생각을 하자. 의미 있는 내가 되자' 라는 생각으로 날마다 내 가슴은 뜨겁게 불타오른다. 내가 이런 생각을 하며 삶 앞에 겸손해질 수 있는 이유는 40대를 살아 봤기 때문이다.

나의 40대는 아쉬움이 많다. 치열하게 살았다고 생각하지만, 50대를 살고 있는 지금 돌이켜 보니 후회되는 일이 더 많다. '왜 좀 더 열정을 바치지 못했지, 왜 좀 더 열심히 사랑하지 못했지, 왜 좀 더 의미 있게 보내지 못했지' 하는 생각이 나를 반성하게 한다.

앞에서도 말했듯 지금 나의 열정은 누구도 막을 수 없을 만큼 강열하다. 두 번 다시 오지 않을 인생을 위해 나의 모든 열정을 다 소진할 것이다. 한 줌의 재로 남아도 좋다. 아낌없이 살다 갈 것이다.

값진 인생은 그냥 이루어지지 않는다. 30대까진 인생을 알아 가는 나이라면, 40대는 다가올 후반기 인생을 잘 맞아들이기 위해 준비하는 가장 중요한 시기이다.

청춘은 겁 없는 용기, 안이함을 뿌리치는 모험심을 말하는 것이라네.
때로는 스무 살 청년이 아니라 예순 살 노인에게서 청춘을 보듯이,
나이를 먹어서 늙는 것이 아니라 이상을 잃어서 늙어 간다네.

이 시구를 가슴에 담아 두고 날마다 음미하고 실천하라. 생각이 늙으면 마음도 늙는다. 언제나 이상을 품고, 그 이상을 향해 씩씩하게 나아가라. 다시 오지 않을 당신의 인생을 위해 영원한 청춘으로 살아가라.

50대가 되기 전에 이것만은 꼭!

생각의 나이를 언제나 역동적이게 하라. 역동적인 생각에는 인간의 상식으로 상상할 수 없는 것까지도 해내게 하는 에너지가 있다. 영원한 고전 《파우스트》는 괴테가 스물세 살에 쓰기 시작해 여든두 살 때 완성했다. 《파우스트》를 쓰는 데 자그마치 59년이 걸렸다. 괴테가 여든의 나이에도 위대한 작품을 쓸 수 있었던 이유는 푸른 영혼의 안테나를 세우고 이상을 향해 나아갔기 때문이다. 생물학적인 나이는 잊어라. 생각을 언제나 푸르게 하라. 생각이 늙으면 40대의 젊음도 핏기 잃은 여든의 노인이 된다.

25

매사에 넘침을 경계하라

넘쳐서 좋은 것도 있지만, 넘쳐서 좋지 않은 것도 많다. 넘쳐서 좋은 것은 행복, 건강, 사랑, 우애 등을 꼽을 수 있다. 이런 것들은 많으면 많을수록 좋다. 반대로 과음, 과식, 탐욕, 흡연, 미움 같은 것은 넘칠수록 해가 된다.

이상하게도 사람들은 좋은 것보다는 그렇지 않은 것에 더 흥미를 갖는다. 흡연이 몸에 좋지 않다는 사실과 과음이 몸을 망친다는 사실은 너무도 잘 알고 있다. 그럼에도 불구하고 줄담배를 피우고, 몸을 가눌 수 없을 정도로 폭음을 한다. 쓸데없는 것은 단지 쓸데없는 것일 뿐이다.

어느 날 후배가 입원했다는 소식을 접하고 병문안을 간 적이 있다. 그는 45세의 건장한 사내였다. 대기업 차장으로 근무하며 곧 부장 승진을 앞두고 있었다. 그런 그가 벌건 대낮에 직장이 아닌

입원실 침대에 누워 있었던 것이다.

"서, 선배님. 어떻게 알고 오셨어요?"

그는 내가 문을 열고 들어가자 엉거주춤 일어나며 말했다.

"그냥 누워 있게."

"아닙니다. 괜찮습니다."

그는 머리를 긁적이며 계면쩍게 웃었다.

"그래, 몸은 좀 어떤가?"

"그냥저냥 견딜 만합니다."

"그래? 다행이군. 그런데 자네 혼 좀 나야겠어."

나는 그를 쳐다보며 말했다.

"선배님, 저 좀 혼내 주세요. 정신이 바짝 나게요."

그는 이렇게 말하며 엷게 웃었다.

나는 평소에 폭음을 하는 그에게 적당히 마시라고 말했다. 그럴 때마다 그는 그러겠다고 했다. 그는 내 앞에서는 조심해서 술을 마신다. 내가 폭음을 절대 용납하지 않는다는 점을 잘 알기 때문이다. 그런데 직장 회식 때나 다른 사람과 마실 때는 폭음을 한다. 그가 병원 신세를 진 건 내가 아는 것만 해도 이번이 네 번째다. 나는 이번만큼은 절대로 그냥 넘길 수 없어 따끔한 충고를 했다.

"이 사람, 자네 나이 벌써 마흔 다섯이네. 자네가 20대, 30대인 줄 아는가. 요즘 똑똑한 젊은 직장인들은 자기 몸 아껴 무모하게 폭음을 안 한다고 하네. 가정에서나 직장에서나 가장 중요한 시기인 이때 술 먹고 병원 신세나 지다니, 이게 도대체 될 말인가. 자네 부인을 생각하고 애들 생각을 해야지. 자넨 혼자가 아냐. 자네가 쓰러지면 가족들이 어떻게 되겠나. 이제는 자네보다도 자네 가족을 더 생각해야 한다는 것을 잊지 말게. 만일 퇴원 후에도 이런 일이 있을 시에는 자넬 후배로 인정하지 않겠네."

그는 내가 말하는 내내 고개를 푹 떨구고 "네, 네" 하며 귀담아들었다. 그도 그럴 것이 단호한 내 성격을 잘 아는 터라 신중하게 받아들이는 게 역력했다.

"선배님, 두 번 다시는 폭음은 물론 술을 아예 삼가도록 하겠습니다."

"그 말 참인가?"

"네, 선배님. 제가 선배님께 어떻게 허위로 말할 수 있겠습니까? 이번엔 정말입니다."

"고맙네. 그렇게 말해 줘서."

"무슨 말씀을요. 제가 감사하지요."

그는 간경화를 보인다고 했다. 표정에서 병의 심각성을 느낄 수 있었다. 그는 그 일을 통해 현실을 직시하는 눈을 갖게 되었고, 꾸준히 치료한 끝에 건강을 되찾을 수 있었다. 이제는 자신의 결심대로 술을 안 마신다.

그가 술을 안 마시자 집안 분위기가 싹 바뀌었다. 그는 가족들과 함께하며 남편으로서, 아빠로서의 본분을 다하고 있다. 그가 바뀌니까 가족들도 바뀌고, 그로 인해 즐거운 나날을 보내고 있다.

이번에는 2년 전 세상을 떠난 지인 H의 이야기이다. 그는 중소기업을 경영하며 남부럽지 않은 삶을 살았다. 성격 좋고 인심도 후해 남의 부탁을 거절하지 못하는 사람이었다. 그의 주변엔 늘 사람들로 가득 찼다.

그 또한 술을 즐겨 하루도 술을 마시지 않는 날이 없을 정도였다. 사람 좋은 그는 사람들과 어울리는 것을 좋아해 늘 술을 즐겼다. 폭음을 하는 편은 아니었지만, 보통 사람들보다는 주량이 많았다. 아무리 강철 같은 몸을 가졌다 한들 매일 마시는 술을 당해낼 수는 없는 법이다. 그렇게 마신 술은 사람들과의 사이를 돈독케 하는 데는 효과적이었지만, 그의 몸을 상하게 하는 독이 되었다.

그러던 어느 날 그가 쓰러졌다는 연락을 받았다. 내가 병원으로 달려갔을 때는 이미 의식을 잃은 상태였다. 산소 호흡기에 의지해 목숨을 부지하고 있는 그를 보자 만감이 교차했다. 그렇게 사람 좋아하고 술 좋아하던 그가 의식 없는 나무토막처럼 누워 있다니…….

적당히 마시는 술은 사람을 기분 좋게 하고 건강에도 좋다. 하지만 과음은 사람을 죽게 하는 독이라는 생각이 떠나질 않았다. 그는 병원 중환자실에 있은 지 열흘 만에 더는 세상 빛을 보지 못하고 떠나고 말았다.

술은 좋은 사람 나쁜 사람을 가리지 않는다. 사람이 조심하지 않으면 안 된다. 사람들은 기분에 취해서, 분위기에 이끌려서 자신이 이기지도 못할 만큼 술을 마신다. 과음이야말로 과유불급의 대명사라 할 것이다.

그가 떠나고 나자 그가 없는 가족들의 삶은 많은 변화를 가져왔다. 그를 대신해서 살림만 하던 부인이 가게를 하며 생계를 꾸려 가고 있다. 시집 간 딸은 잘 살고 있지만, 아직도 공부를 하는 아들이 있다. 곱던 그의 부인은 어느새 눈가에 잔주름이 자글자글한 초로의 여인이 되었다. 만일 그가 살아 있다면 그의 부인이나 자식들은 지금보다 나은 환경에서 삶을 누리며 살 거라는 생각에 마음이 아프다.

과유불급. 아무리 좋은 것도 넘치면 해가 된다는 말이 왜 이토록 절절하게 가슴에 와 닿을까. 이 글을 쓰자니 환하게 웃던 사람 좋은 H가 더욱 그립다.

후배나 지인 모두 인생의 중반기인 40대에 과유불급의 쓴잔을 마셨다. 40대란 나이는 자신을 살피며 살아가는 시기이다. 또한 어떤 것에도 흔들리지 않는 불혹不惑이 아닌가? 우주의 으뜸이며 만물의 영장인 사람이 술 하나 이기지 못해 쓰러진다면 자신에게 생명을 주신 부모에 대한 불효가 아닐 수 없다.

몇 해 전 코미디언 이주일이 흡연으로 인한 폐암으로 세상을 떠났다. 젊은 시절 온갖 고생을 이겨내고 최고의 코미디언으로 사랑받던 그가 죽기 전 공익 광고에 나와 흡연은 건강을 해치는 몹쓸 일이라고 호소하던 모습이 떠오른다.

그는 하루에 서너 갑의 담배를 즐기던 담배 마니아였다. 그것이 자신의 건강을 야금야금 갉아먹는 독이 될지는 몰랐던 것이다. 사형선고를 받고 나서야 자신을 통제하지 못한 것에 대해 뼈아픈 후회를 했다. 그는 자신과 같은 불행을 막기 위해 처참한 모습으로 공익광고에 출연해 금연을 호소했다. 그가 흡연의 위험성을 진즉에 알았더라면 최고의 전성기를 누리며 보다 행복한 삶을 추구했을 것이다.

"남이 하는 일을 잘 알고 있는 사람은 똑똑한 사람이다. 자기 자신을 잘 알고 있는 사람은 그 이상으로 총명한 사람이다. 남을 설복시킬 수 있는 사람은 강한 사람이다. 무엇보다 자기 자신을 이기는 사람이 가장 강한 사람이다."

노자의 말이다. 노자는 세상에서 가장 총명한 사람은 자기 자신을 잘 아는 사람이고, 가장 강한 사람은 자기 자신을 이기는 사람이라고 했다.

그렇다. 자기 자신을 컨트롤할 줄 아는 사람이 똑똑한 사람이며 강한 사람이다. 사람은 누구나 자기 자신에게는 관대하기 때문에 잘못을 저지르고도 아무렇지도 않게 스스로를 용서한다. 하지만 타인의 잘못은 그냥 봐주지 못한다. 그러기에 자기 자신을 이겨내는 사람이야말로 진정으로 강한 사람이라고 할 수 있다.

넘침의 유혹에서 자유로워지려면 자기 자신을 이겨내야 한다. 자기 자신을 이겨내는 사람은 절대로 과한 행동을 하거나, 분수에 어긋나는 짓 따위는 하지 않는다.

"자신의 마음을 올바르게 하려면 냉정하게 자신을 억제할 줄 알아야 한다."

프랑스 사상가 알랭의 말이다. 알랭의 말에서 보듯 자신을 바르게 하기 위해서는 자신을 억제하는 능력을 길러야 한다. 노자나 알랭의 말처럼 넘침의 유혹을 이겨내려면 자신을 스스로 통제하는 힘을 길러야 한다.

40대는 기분에 따라 휘둘려서는 안 된다. 감정에 치우쳐서도 안 된다. 어떤 상황에서도 스스로를 통제하고 제어하는 능력을 지녀야 한다. 만일 자신이 생각할 때 그런 점이 부족하다고 판단된다면 자신에게 강해질 필요가 있다. 그렇지 않다면 언제 어느 때 과유불급의 쓴맛을 볼지 모른다.

자신에게 강하고 지혜로운 40대가 되어라. 그 어떤 것에도 좌우되지 않는 강한 마인드를 길러야 한다. 그것만이 넘침의 유혹에서 벗어나 멋지고 활기찬 인생 2막을 열게 한다는 사실을 잊지 말라.

50대가 되기 전에 이것만은 꼭!

무슨 일에서든 절대 지나침을 삼가야 한다. 아무리 몸에 좋은 보약도 넘치면 독이 되고, 아무리 빛나는 다이아몬드도 목숨을 위태롭게 할 수 있다. 적당이란 말이 있다. 넘치지도 말고, 그렇다고 부족하지도 말라는 말이다. 자신에게나 타인에게 있어 과욕을 금하라. 과욕은 언제나 화를 부른다.

_3
손에서 책을 놓지 말고,
마음의 근육을 키워라

우리나라 성인의 평균 독서량은 일 년에 12권이 채 안 된다고 한다. 그러니까 한 달에 책 한 권도 안 읽는다는 것이다. 일 년에 단 한 권의 책도 읽지 않는 사람이 열 명 중 세 명이나 된다고 하니, 가슴이 먹먹해진다.

책이란 삶의 근본을 제시하는 좋은 벗이다. 더구나 하루가 다르게 변하는 현대사회에서의 독서는 그 어느 때보다도 중요하다. 제 아무리 인터넷이 발달했다고 한들 그것은 잠깐 스쳐 가는 지식을 제공할 뿐이다. 진정한 지식은 책장을 넘기고 종이 냄새를 맡으며 책을 읽을 때 생겨나는 것이다.

우리나라 성인들이 책을 읽지 않은 이유 중 가장 큰 이유는 '시간이 없다'는 것이다. 물론 그럴 수도 있겠다 싶지만, 이유라기보다는 핑계에 불과하다는 생각이 드는 것은 왜일까? 그것은 바쁜 와

중에도 서점을 내 집처럼 드나들며 자기 계발에 힘쓰는 사람들이 있다는 데 있다. 그들이라고 해서 시간이 남아돌 리가 없다. 그들 또한 시간 없기는 매한가지일 것이다. 대한민국에서 직장 생활을 하는 이들이라면 근무 환경이 크게 다를 바 없다. 또한 가정생활도 별반 다를 게 없다. 그런데도 그들은 시간을 쪼개 가며 책읽기를 즐긴다.

독서삼여讀書三餘라는 말이 있다. 위나라에 〈춘추좌씨전春秋左氏傳〉의 주석으로 유명한 동우董遇라는 이가 있었다. 그는 학문이 뛰어나고 온화한 성품을 갖춘 사람이었다. 어느 날 젊은이가 그를 찾아와 말했다.

"선생님의 제자가 되고 싶습니다."

"내 제자가 되고 싶다?"

"네, 선생님. 그러니 저를 제자로 삼아 주십시오."

젊은이는 패기 있게 말했다. 동우는 젊은이를 찬찬히 살펴보고는 입을 열었다.

"책을 읽도록 하시오."

"책을 읽는다고 그 뜻을 아는 것은 아니지 않습니까?"

"그렇지 않소. 책이란 거듭해서 읽다 보면 저절로 그 뜻을 깨닫게 되는 것이오."

그러자 젊은이가 조심스럽게 말했다.

"선생님, 제겐 그럴 여가가 없습니다."

"여가가 없다니 그 무슨 말이오?"

"농사짓기에도 바쁜데 언제 책을 읽고 뜻을 깨칠 수 있겠습니까?"

젊은이는 매우 당연한 듯 말했다.

"그렇지 않소. 그건 다만 핑계일 뿐이오."

"선생님, 핑계가 아닙니다. 정말 여가가 없습니다."

"내 말을 잘 들으시오. 사람에게는 세 가지의 여가가 있소. 첫째는 농사를 짓지 않는 겨울이고, 둘째는 비오는 날이며, 셋째는 밤이오. 여가가 없다는 핑계가 말이 된다고 생각하시오."

동우의 말을 듣고 젊은이는 깨우침을 얻었다고 한다.

독서삼여란 독서하기에 좋은 세 가지를 일러 하는 말이다. 동우의 말에서 보듯 마음만 먹으면 독서할 시간은 얼마든지 만들 수 있다. 그런데도 우리나라 성인들은 시간이 없다는 말로 독서하지 못하는 그럴듯한 변명을 삼는다. 그러면서도 골프 치러 가고, 낚시하러 가고, 고스톱하고, 포커하고, 하루도 거르지 않고 술 마시며 시간을 보낸다. 그게 모두 살기 위한 비즈니스의 방편이라고 할지도 모르겠다. 왜 꼭 비즈니스의 방편을 그런 것에서만 찾으려고 하는가. 그럴 수밖에 없는 경우도 있지만, 어디까지나 예외의 경우다.

우리나라 40대 여성들은 어떠한가. 친구들 만나 수다를 떨고, 계를 하고, 몸매 가꾸고, 공중파 채널뿐만 아니라 유선 채널까지 이리 저리 바꿔 가며 텔레비전에서 눈을 떼지 못한다. 한마디로 아낌없이 시간을 보낸다.

물론 수다를 떨 땐 떨어야 한다. 수다는 여성들이 스트레스를 날려 버리는 데 좋은 수단이니까. 계를 하고 몸매 관리하는 것도 나쁘지 않다. 다만 좀 줄이고 자기만의 독서를 하라는 말이다. 그러고 보니 여성들 역시 남성들과 크게 다를 바 없다.

책이란 때와 장소를 가리지 않고 읽을 수 있고, 부피도 크지 않아 어디든지 갖고 갈 수 있는 이점이 있다. 시간이 날 때 틈틈이 읽으면 되고, 부피 또한 크지 않으니 간수하는 데 아무런 문제도 되지 않는다.

책은 '마음의 근육'을 키우는 좋은 수단이다. '마음의 근육'이란 운동으로 육체의 근육을 키우는 것처럼 책을 통해 지혜를 기르고 지식을 쌓는 일을 말한다. 지혜와 지식은 마음을 풍요롭고 여유롭게 하며, 깊이 있는 통찰력을 갖게 한다. 이것이 곧 '마음의 근육'이다.

책 읽기는 동우의 말처럼 세 가지 여가를 통해 읽으면 된다. 현실에 맞는 세 가지 여가는 첫째, 시간 날 때 틈틈이 읽는다. 차 안에서도 좋고, 사람을 기다리는 커피숍에서도 좋다. 둘째, 밤에 자기 전에 읽는다. 잠자기 전 20분만 투자하라. 셋째, 운동 등 여가 시간을 줄여서 읽는다. 특히 운동 시간이나 여가를 줄이는 방법이 좋다.

운동과 여가에만 힘쓰다 보면 피곤해져서 시간이 나도 잠자기에 바쁘다. 조금만 줄이면 피곤도 덜하고, 책 읽을 시간을 갖는 데 무리도 없을 것이다.

책 읽는 시간을 만들려면 얼마든지 만들 수 있다. 독서광으로 널리 알려진 안철수 교수를 보자. 그는 대한민국에서 가장 바쁜 사람 중에 한 사람이다. 그런 그는 시간이 없어 독서를 하지 못한다고 절대 말하지 않는다. 누구보다도 바쁜 그가 독서를 즐기는 것은 어렸을 때부터 길러진 독서 습관이 크게 작용한다. 하지만 무엇보다 독서가 주는 가치에 대에 잘 알고 있기 때문이다. 그는 독서는 삶의 혜안을 길러 주고, 마음을 풍요롭게 하며, 앎에 대한 즐거움을 준다는 것을 잘 알고 있다.

그가 의사로서, 우리나라 컴퓨터 바이러스 백신의 최초 개발자로서, 카이스트 기술경영전문대학원 석좌교수 등을 역임하고, 서울대학교 융합과학기술대학원 원장으로서 새로운 길을 가고 있는 원동력은 변화를 두려워하지 않는 자신감에 있다. 그 자신감을 길러준 것이 바로 '마음의 근육' 이다. 근육이 강해야 무거운 짐도 잘 들고 힘을 쓸 수 있듯 '마음의 근육' 이 강해야 매사에 자신감이 넘쳐 새로운 일도 척척 해내게 되는 것이다. 독서는 '마음의 근육' 을 기르는 가장 좋은 수단이다.

내가 아는 사람 가운데 책값으로만 한 달에 20~30만원을 쓰는 사람이 있다. 혹자는 이렇게 말할 것이다.

"돈 좀 있는 사람인가 보네. 책 사는 데 돈을 펑펑 쓰는 걸 보니."

그렇지 않다. 그는 공무원이다. 그가 책을 사기 위해 상당한 돈을 쓰는 데는 그만한 이유가 있다. 그는 독서를 매우 좋아하고, 퇴직을 하면 향토 문화에 대해 연구하는 계획을 갖고 있다. 그동안 그가 사 모은 책이 5,000권이 넘는다. 돈으로 환산하면 수억도 더 된다.

여기서 한 가지 분명하게 짚고 넘어갈 것이 있다. 그는 돈이 있어서 책을 사는 게 아니다. 자기가 좋아하는 책을 사기 위해서 술, 담배도 안 한다. 그 돈으로 책을 사는 것이다. 그만큼 그는 책을 좋아한다. 그는 수십억 수백억을 가진 사람보다 행복해 보인다. 책이 주는 가치가 그 사람을 매우 가치 있는 사람으로 평가하게 만든다.

"독서의 습관을 몸에 지닌다는 것은 인생에 있어서 거의 모든 불행으로부터 당신을 지켜 주는 피난처를 마련한다는 것임을 잊지 마라."

서머셋 몸의 말이다. 독서는 지혜를 길러줌으로써 어떤 어려움 속에서도 헤쳐 나갈 수 있는 힘을 준다는 의미이다.

"단 한 권의 책밖에 읽지 않은 사람을 경계하라."

이 말을 한 사람은 영국의 수상을 지낸 벤저민 디즈레일리이다. 책을 읽지 않는 사람은 상대할 가치가 없다는 의미이다. 그만큼 책이란 사람의 가치를 평가할 정도의 가치를 지닌다는 말이다.

동화의 아버지라고 불리는 안데르센은 말했다.

"자기를 아는 것이 참다운 진보다."

자기를 잘 알게 해주는 것 또한 독서가 지니는 가치라고 할 수 있다.

'책 속에 길이 있다'는 말은 누구나 잘 알고 있다. 잘 알고 있으면서도 행하지 않는다면 자기 자신에 대한 이율배반적인 행위이다. 모르면서 안 해도 큰 잘못이지만, 알고도 안 하면 더 큰 잘못이다.

평생을 읽어도 전부 못 읽는 것이 책이다. 책을 읽어라. 누구의 미래를 위해서가 아니다. 오직 자신의 미래를 위해 책을 읽고 '마음의 근육'을 기르라는 말이다. 단단한 '마음의 근육'이 삶을 더욱 풍요롭게 한다는 사실을 잊지 마라.

50대가 되기 전에 이것만은 꼭!

헬스장엔 육신의 근육을 키우기 위한 사람들로 북적인다. 여자든 남자든 모두가 육신의 근육을 키우기에 여념이 없다. 건강하게 살고 싶은 욕구는 당연한 일이다. 하지만 아무리 육신의 근육이 탄탄해도 마음의 근육이 약하면 어려운 일을 만났을 때 해결할 능력을 잃고 만다.

육신의 근육으로는 시련을 해결할 수 없다. 마음의 근육이 탄탄한 사람이 강철 같은 의지로 시련을 이겨낼 수 있다. 마음의 근육을 키워라. 마음의 근육을 키우는 데는 책보다 좋은 수단이 없다.

_4

인생의 내비게이션,
멘토를 곁에 모셔라

사람은 누구나 혼자서 잘되는 경우는 없다. 훌륭한 인격을 가진 사람도, 사회적으로 크게 성공한 사람도, 정치적으로 성공한 사람도, 경제적으로 성공한 사람도, 학문적으로 성공한 사람도 그렇게 되기까지는 어떤 방식으로든 도움을 준 사람이 있기 마련이다. 독불장군이 없다는 말은 이를 두고 하는 말이다. 아무리 잘나고 뛰어난 사람도 가르침을 받지 않고는 존재할 수 없는 것이다.

이러한 인간관계의 법칙을 잘 알고도 졸업만 하면 곧 잊어버린다. 스승이란 학문적인 가르침을 준 사람이라고만 여기는 듯하다. 머나먼 인생의 바다를 항해하려면 인생의 소중한 가르침이 필요하다. 인생을 앞서 살아가는 사람들은 경험이란 인생 수업을 통해 삶의 이치를 잘 아는 사람들이다. 인생의 선배들은 내 인생의 역할 모델이 되고, 그들의 경험은 내가 어떻게 살아야 하는지를 가늠하게 하는 척도가 된다.

　그런데 20대를 지나고 30대를 지날수록 이런 생각에서 벗어나게 된다. 자신이 가는 길이 순탄하면 모든 것이 내가 똑똑하고 잘나서라고 생각하게 되는 것이다. 참으로 오만하고 당돌한 생각이 아닐 수 없다. 이처럼 오만한 사람도 인생의 바다에서 거친 풍랑에 휘둘리게 되면 누군가에게 의지하려는 마음이 된다. 지금껏 살아오는 동안 이런 경우를 무수히 목격했다. 그렇게도 자신만만하게 굴던 사람도 인생의 시련 앞에는 무릎을 꿇지 않을 수 없다. 나이가 들수록 인생이란 바다를 잘 헤치고 갈 수 있는 삶의 혜안을 주는 스승이 필요하다.

　언젠가부터 우리 사회에 멘토라는 말이 급격히 퍼지기 시작했다. 멘토는 인생의 스승, 지도자, 조력자 등 다의적인 의미를 갖고 있다. 멘토라는 말이 급격히 퍼지게 된 것은 멘토의 역할이 그만큼 중요하다는 의미다.

　현대사회는 급물살처럼 빠르게 변화하고 지나간다. 변화의 물결 속에서 지혜롭게 살아가기 위해서는 자신보다 먼저 삶을 경험한 사람의 소중한 경험을 배울 필요가 있다. 그 경험이야말로 확실한 삶의 표본이며 증표이기 때문이다. 멘토란 바로 삶의 소중한 경험을 축적한 지혜로운 사람이다. 그러기에 매우 중요하고 반드시 필요한 사람이다.

　멘토와 그 역할(멘토링)에 대해 존 맥스웰은 다음과 같이 말했다.

"멘토란 삶의 지혜를 가르치고 이끌어 주는 자이다. 멘토링이란 한 사람이 지닌 지혜를 그에게 있는 신용, 경험, 시간과 인간관계를 통해 다른 사람에게 의도적으로 전달하는 과정이다."

즉 멘토링이란 멘토와 멘티 사이에 이루어지는 우호적인 인간적 가르침의 관계성을 말한다. 훌륭한 멘토는 자신의 지혜와 경험을 제공함으로써 멘티가 성공적인 삶을 이루는 데 있어 결정적인 역할을 한다. 한 사람의 훌륭한 지혜와 경험은 돈으로는 살 수 없을 만큼 가치를 지닌 '인생의 보석'이다.

40대가 50대의 삶을 원활하게 살고 싶다면 자신에게 멘토링을 해줄 수 있는 인생의 스승을 모셔야 한다. 힘든 일이 자신에게 일어나는 그때그때마다 부족함에 대해 물어보고 배우면서 자신의 가치를 키워 나갈 때 남보다 나은 50대를 맞이할 수 있다.

우리의 경우에도 그렇고, 세계사적으로 볼 때 삶을 성공적으로 살았던 사람들에겐 절대적인 조언을 아끼지 않은 멘토가 있었다는 사실을 알 수 있다. 플라톤은 소크라테스의 가르침을 받은 끝에 그에 버금가는 철학자가 되었고, 세종은 스승 이수의 가르침으로 우리나라 역사상 가장 훌륭한 성군으로 추앙받고 있질 않은가. 맹자 또한 공자의 가르침을 통해 뛰어난 사상가가 될 수 있었다.

내가 이처럼 멘토의 중요성에 대해 역설하는 이유는 40대를 지나 50대의 삶을 살아가려니 나이가 들수록 인생의 깊은 경륜에서 우러나는 지혜가 절대적으로 필요하다는 점을 실감하기 때문이다.

사회적 경험은 학문과 달라 실생활에 곧바로 적용되는 실용성을 갖고 있다. 다시 말해 경험을 통해 얻어진 배움은 생생하게 살아 있는 '인생 바이블'이라고 할 수 있다.

오늘날 우리나라가 G20의 의장국이 되고 경제적 부흥을 일으키는 데 견인차가 되었던 정주영은 배움의 가치를 매우 소중하게 생각했다. 그는 일찍이 배움의 중요성을 역설하였다. 그가 즐겨 쓰던 말 중 하나가 불치하문不恥下問이다. '자신보다 나이가 어리고 경험이 부족하고 배움이 짧아도 배울 가치가 있다면 그에게서 가르침을 받아라'는 뜻이다. 정주영은 초등학교가 최종 학력이지만, 많은 독서를 통해 정규 교육을 통해 배우지 못한 지식을 길렀다. 자신의 소신대로 배우고자 하는 것은 그것이 무엇이든 모두 배웠다.

정주영이 쌀 배달을 하며 알게 된 오윤근이란 사람이 있었다. 그는 정주영의 사람됨을 간파하고 인생의 스승으로, 물질적 후원자로 많은 도움을 주었다. 특히 가치 있게 살아가는 삶의 가르침은 훗날 정주영이 경영인으로 성공하는 데 큰 도움을 주었다.

정주영이 가진 경륜과 삶의 지식은 수십, 수백 명의 박사들을 모아 놓은 것보다도 풍부했다는 점은 이미 잘 알려진 사실이다. 초등학교 학력이 전부인 그가 이처럼 될 수 있었던 이유는 훌륭한 삶의 철학과 인격을 지닌 이들로부터 좋은 가르침을 배우고 경험했기 때문이다.

나에게도 소중한 삶의 스승이 있다. 나는 그에게 학문을 배우진 않았지만 작가로서, 시인으로서 살아가는 데 필요한 마음가짐과 몸가짐을 배웠다. 내가 패거리 근성으로 똘똘 뭉쳐진 문단에서 흔들리지 않고 소신대로 나아갈 수 있는 것도 그분을 보고 배운 작가 정신에 의해서다. 나는 힘들고 어려울 때마다 그분의 가르침을 떠올리며 흔들리는 나를 곧추세우곤 한다.

나에게는 자신의 고민에 대해, 자신이 하는 일에 대해 조언을 구하는 독자들이 있다. 내가 쓴 책을 보고 용기를 내서 전화를 했다며, 시간을 내줄 수 있느냐고 물어 온다. 나는 흔쾌히 그들의 이야기에 귀를 기울이곤 한다. 그들의 얘기를 듣고 내가 경험한 것들은 물론, 들은 이야기나 읽은 책 등 그들의 답답한 마음을 풀어줄 수 있는 것이라면 상황에 맞게 무엇이든 다 말해 준다.

얘기를 끝내고 나면 그들은 아주 만족해하며 감사하다는 말을 몇 번이고 잊지 않는다. 진심이 통했다는 점만으로도 나 또한 매우 흡족한 마음이 든다. 누군가에게 작은 도움이라도 된다면 매우 감사하고 고마운 일이다. 나의 경험을 젊은이들이나 다른 누군가에게 들려줄 수 있다는 것에 대해 나 자신에게 감사하다.

살다 보면 누군가에게 조언을 구하는 일이 종종 생기게 된다. 스스로 판단하기 힘든 일이나 결정하기 어려운 일을 누군가의 도움으로 해결했을 때의 감사한 마음은 겪어 보지 않으면 모른다.

지금 하던 일을 잠시 멈추고 한번 곰곰이 생각해 보라. 언제든지 달려가 조언을 구할 수 있는 인생의 스승이 당신 곁에 있는가를. 만일 있다면 다행스러운 일이나 그렇지 않다면 당신에게 가르침을 줄 인생의 스승을 모셔 들여야 한다.

40대는 인생이란 바다를 항해하는 항로 중 가장 풍랑이 심한 시기이다. 가정에서나 직장에서나 사회적으로나 인생의 무게 중심이 한가운데 있기 때문이다. 자칫 잘못하다가는 항로를 이탈할 수도 있고, 시련이란 암초에 걸려 좌초될 수도 있다. 그와 같은 참담한 일을 겪지 않기 위해서는 반드시 인생의 조언자를 곁에 모셔라.

단 한 가지 명심해야 할 게 있다. 좋은 스승을 모시기 위해서는 진실해야 한다. 그 어떤 스승도 진실하지 않은 사람에게 가르침을 주지 않는 법이다.

 50대가 되기 전에 이것만은 꼭!

인간에게 있어 스승은 빛과 같고 물과 같다. 인생의 어두운 골목에서 헤맬 때 스승은 한 줄기 빛이 되어 준다. 타는 갈증이 날 때 마시는 시원한 한 잔의 물처럼 인생에서도 시원한 물이 되어 준다. 인생의 빛이며 한 잔의 물과 같은 스승을 곁에 모셔라. 인생이란 바다에서 표류할 때, 시련이란 함정에 빠져 슬피 울 때 스승이 곁에 있다면 얼마든지 제 길로 찾아들고 함정에서 빠져나올 수 있다. 스승은 인생의 내비게이션이다.

5

자신만의 원칙을 세워라
원칙이 있는 삶이 아름답다

 어떤 일을 하는 것도 그렇고, 인생을 가치 있게 사는 것도 원칙은 반드시 필요하다. 원칙이란 자신이 하는 일이 잘못되지 않도록 중심을 잡아 주는 삶의 방향키이다. 그런 원칙 없이 사는 사람들이 의외로 많다는 사실에 놀라지 않을 수 없다.

되는 대로 사는 삶이 아주 자연스러워 보이지만, 개혁적이고 혁신적인 삶을 살아가는 데는 그다지 도움이 되지 않는다. 되는 대로의 삶이란 스스로를 나태하게 하고, 수동적인 마인드를 갖게 하기 때문이다. 이런 자세로는 남보다 차별화된 삶을 살아갈 수 없다.

남보다 나은 인생을 살아가기 위해서는 남이 하는 이상의 내가 되어야 한다. 개혁적이고 혁신적인 나로 살아가기 위해서 필요한 것이 자신만의 '원칙'을 세우는 일이다. '원칙을 꼭 세워야 할 필요가 있을까. 마음이 시키는 대로 살면 그만 아닌가' 라고 말하는 이들도 있을 것이다. 물론 그럴 수도 있다. 하지만 원칙이 있다면 보다 확실하고 체계적으로 자신이 하는 일을 해나갈 수 있다.

우리나라 젊은이들로부터 가장 신뢰받고 존경받는 안철수 교수. 그가 젊은이들이 가장 닮고 싶은 롤모델이 될 수 있었던 것은 안철수만의 색깔이 있는 삶을 살고 있어서다. 그만의 색깔은 한곳에 안주하지 않고 끊임없이 변화를 꾀하는 데 있다.

누구나 알고 있듯 그는 우리나라 최초로 컴퓨터 바이러스를 퇴치하는 백신을 만들어 냈다. 이 일은 사회적으로 센세이션을 불러일으킬 만큼 혁신적인 일이었다. 바이러스 감염으로 당황하는 수많은 사람들의 고민을 풀어 주었던 것이다.

사람들이 그에게 관심을 기울이는 또 하나의 이유는 잘나가는 의대 교수라는 안정적인 직업을 버리고 맨주먹으로 벤처 기업인 '안철수연구소'를 차렸기 때문이다. 그는 힘들게 의학 공부를 해서 남들이 부러워하는 의사가 되었다. 그 좋은 직업을 포기했다는 것만으로도 보통 사람이 아니라는 강렬한 이미지를 심어 주었다.

그는 경제적인 압박을 받으면서도 새로운 도전을 위해 최선을 다했다. 그 결과 안철수연구소는 재정적으로 안정될 수 있었고, 초창기 서너 명에 불과했던 직원은 500명이 넘는 회사로 거듭났다. 그러자 안철수는 대표직을 그만두고 새로운 꿈을 위해 미국 펜실베니아 공과대학으로 유학을 떠나 공학석사 학위를 받고 귀국했다. 이후 경영학 공부를 위해 한 번의 유학을 더 갔고, 귀국해서는 카이스트 기술경영전문대학원 석좌교수가 되었다. 그 후 그는 또 다른 선택을 했다. 자신의 모교인 서울대학교 융합과학기술대학원 원장이 되었다.

한마디로 그의 삶은 선택과 도전, 그리고 변화였다. 그가 이처럼 도전과 변화의 삶을 즐기며 하는 일마다 성공적으로 이끌 수 있었던 것은 그만의 원칙이 있기에 가능했다.

안철수 교수의 원칙이다.

첫째, 결과도 중요하지만 과정을 더 중요하게 생각했다.

대부분의 사람들은 어떤 일에 있어 과정보다도 결과를 중요하게 여긴다. 반대로 안철수 교수는 과정을 더 중요하게 여겼다. 과정이 좋아야 결과 또한 좋다고 믿었다. 그는 힘들고 어려운 일도 해야 할 거라면 과감하게 시도했다.

둘째, 남과 비교하지 않았으며 다른 사람들의 평가에도 마음 쓰지 않았다.

사람들은 자신과 남을 비교하는 특성이 있다. 안철수 교수는 그러지 않았다. 자신을 남과 비교하는 대신 상대방의 장점을 보았다. 남이 억울한 말을 해도 대꾸하지 않았다. 시샘해서 하는 말이나 근거 없는 말은 당장은 속상하게 하지만, 시간이 지나면 연기처럼 사라진다는 것을 잘 알고 있었다.

셋째, 기본을 중요하게 생각했다.

기본은 참 중요하다. 공부를 할 때도 기본이 잘 갖춰져야 하고, 운동선수는 기본기를 잘 갖춰야 한다. 마찬가지로 어떤 일을 할 때도 기본을 잘 갖춰야 한다. 대개 사람들은 기본을 무시하고 단박에 좋은 결과를 이루려고 한다. 안철수 교수는 하나를 알아도 정확하고 자세하게 배웠다. 대충대충 하면 빨리할 수는 있지만, 언젠가는 잘못된다는 걸 잘 알고 있었다.

넷째, 매순간 최선을 다했다.

안철수 교수는 무슨 일이든 최선을 다했다. 힘든 의학 공부를 하면서도 컴퓨터 일을 소홀히 하지 않았다. 두 가지 모두 열심히 해냈다. 군대에 가서도 낮엔 군의관으로 최선을 다했고, 밤엔 백신 프로그램 만드는 일에 매달렸다.

다섯째, 목표를 세우고 끝까지 실천했다.

안철수 교수는 목표를 세우면 철저하게 계획을 세워 실천했다. 목표가 아무리 훌륭해도 계획대로 실천하지 않으면 이루기 어렵다. 그만큼 그는 자신에게 철저했다.

여섯째, 항상 자신을 부족하다 여기며 작은 성공에 만족하지 않았다.

자타가 인정하듯 안철수 교수는 실력이 뛰어났지만, 언제나 자신을 부족한 사람이라고 여겼다. 그래서 항상 책을 읽으며 공부했고, 겸손하게 생활했다.

일곱째, 남자와 여자, 나이와 학력에 차별을 두지 않고 능력을 중요하게 여겼다.

그는 일을 하는 데는 여자와 남자가 다르지 않고, 대학을 나왔든 못 나왔든 중요하지 않다고 여겼다. 그보다는 능력이 중요하다고 믿었다. 남자와 여자의 차별을 두지 않은 것도 이런 생각에서다. 사실 여자들 중엔 남자보다 능력이 뛰어난 사람들이 많다.

여덟째, 다른 사람의 생각을 존중하고, 그 사람만의 가치를 인정했다.

안철수 교수는 사람들의 말을 잘 들어 주었다. 각 사람만의 가치를 인정해 주었고, 개성을 살릴 수 있도록 도움을 주었다. 그가 사람들의 생각을 존중하고 가치를 인정했던 것은 생각이 깨어 있기 때문이다.

아홉째, 다른 사람을 자신의 이익을 위해 이용하지 않았다.

사람들 중엔 자신의 이익을 위해 남을 이용하는 사람들이 많다. 이용하고 나선 그 사람을 외면한다. 이런 생각을 가진 사람은 당장은 잘되는 것 같지만, 머지않아 자신도 똑같은 일을 겪게 된다.

나는 어린이들을 위한 롤모델 책으로 《호기심 대장 안철수》를 펴냈다. 내가 수많은 사람들 중에서 안철수 교수를 어린이들에게 꿈을 주는 인물로 정하고 책을 쓴 것은 그의 삶이 어린이들이 꿈을 키우는 데 도움이 되었으면 하는 이유에서다.

나는 집필에 대한 동의를 구하기 위해 안철수연구소에 집필 목적을 담은 메일을 보냈다. 다시 여러 번의 통화 끝에 집필에 대한 동의를 구할 수 있었다. 나는 원고를 쓰기 시작했다. 얼마 후 탈고를 끝낸 원고를 보내 혹시라도 잘못된 것은 없는지 살펴 달라고 부탁했다.

당시 안철수 교수는 미국에 있었다. 안철수연구소 담당자는 원고를 미국에 보냈고, 이십일 쯤 지나 답을 받았다. 안철수 교수는 몇 군데 수정할 부분을 표시해서 보냈다. 그것을 보고 나는 그의 사람됨을 느낄 수 있었다. 그 바쁜 와중에도 원고를 꼼꼼히 읽은 것이다. 그의 세밀함과 완벽함을 보고 그가 성공할 수밖에 없는 이유를 알게 되었다. 그는 어떤 일에 있어서도 자신의 원칙을 실천하고 있었다. 그의 색깔 있는 삶을 살필 수 있는 좋은 기회였다.

남아메리카 민주화의 혁명가 체 게바라. 체 게바라는 아르헨티나에서 태어났다. 그는 부유한 집안에서 태어나 가난에 대해 잘 몰랐다. 타고난 성격으로 워낙 정이 많았던 그는 가난하고 힘 약한 친구들을 보면 잘 도와주었다. 그는 가난한 사람들을 위해 의사가 되기로 결심을 하고 의학 공부를 해 의학박사가 되었다.

그런 체 게바라의 생각이 바뀌었다. 독재자의 권력으로부터 탄압받는 힘없고 가난한 사람들을 위해 살기로 했다. 그는 먼저 자신만의 원칙을 정했다. 첫째, 자유와 민주주의를 위해 살자. 둘째, 안

락함의 유혹을 버리자. 셋째, 평화의 꿈을 위해 싸우자.

원칙을 정한 체 게바라는 독재자의 폭압 정치로 어려움을 겪고 있던 쿠바 국민들을 위해 싸우는 카스트로를 도와 독재 정권을 무너뜨리는 큰 공을 세웠다. 그러나 안타깝게도 그는 볼리비아 반군을 도와 싸우다 39세란 젊은 나이에 죽고 말았다. 그렇게 체 게바라는 자신의 원칙을 지키다 세상을 떠났다.

나는 체 게바라의 삶과 열정 역시 좋아한다. 자신의 원칙을 지키기 위해 안락함을 버리고 목숨을 걸었던 그의 기개는 나를 감동시키기에 조금도 부족함이 없다. 군복에 검은 베레모를 쓴 그의 사진을 보면 지금도 내 가슴은 두근두근 뛴다. 그의 열정은 나로 하여금 원칙 있는 사람으로 살아가게 만들었다.

"내 삶의 철학은 이렇다. 인생에서 이루고자 하는 것에 대해 결심을 한 다음, 그 목표를 향해 매진하면 결코 손해를 보지 않는다."

이 말을 한 사람은 할리우드 영화배우 출신으로 40대 미국 대통령이 되어 재선에 성공한 로널드 레이건이다.

레이건이 2선의 대통령이 될 수 있었던 것은 자신이 하려고 하는 일에 결심을 굳히고 주저 없이 실천으로 옮겼기 때문이다. 그는 자신의 결심에 대해 주저하는 법이 없었다. 왜 그랬을까. 그것이 일에 대한 그의 원칙이었다. 그에게는 즉흥적인 것이 통하지 않았다. 철저한 계획과 실천만이 존재할 뿐이었다.

"나는 우연히 성공한 것이 아니라 꾸준한 노력으로 성공한 것이다."

노벨문학상을 수상한 미국 최고의 작가인 어니스트 헤밍웨이가 한 말이다.

헤밍웨이는 젊은 시절 종군 기자로 전쟁터를 누볐다. 그는 생생한 전쟁 경험을 소재로 한 소설《무기여 잘 있거라》를 써서 일약 스타 작가가 되었다. 그 후 노벨문학상을 안겨준《노인과 바다》를 써서 세계 문학사에 길이 남는 작가가 되었다.

헤밍웨이는 우연을 믿지 않았다. 우연이란 쓸데없는 망상쯤으로 여겼다. 그는 책상에 앉아 상상만으로 글을 쓰지 않았다. 그는 철저한 경험을 통해 소설을 쓴 대표적인 작가이다. 그의 원칙은 바로 꾸준한 노력이다. 꾸준한 노력만이 성공을 가져다준다고 믿었다.

레이건과 헤밍웨이의 공통된 원칙을 한마디로 요약하면 꾸준한 노력이다. 나이가 들면 무엇이든 대충 하려는 마음이 된다. 온몸의 세포가 노화됨으로 해서 기동성이 떨어지고 근력이 딸리기 때문이다. 자각 능력도 떨어지고, 판단력은 흐려진다. 열심히 하던 사람들도 대충 하려고 하는 타성에 젖게 된다. 매우 잘못된 생각이 아닐 수 없다.

나 역시 40대에 비해 몸이 둔화된다는 기분을 느끼곤 한다. 그러다 보니 스스로에게 엄정하게 대하던 나의 원칙이 느슨해짐을 느끼곤 '이러면 안 되지' 라고 생각하며 몸과 마음을 곧추세우곤 한다.

나이가 들면 뇌의 작용이 떨어진다. 뇌의 명령으로 움직이는 육체적 기능이 약해질 수밖에 없다. 하지만 나이가 들어 갈수록 더욱 원칙을 지켜야 한다. 그렇지 않으면 이제껏 잘 지내 왔던 삶이 와르르 무너져 내릴 수 있다.

원칙이란 나이가 들수록 더욱 필요하다. 혹여 원칙이 없다면 40대에 맞는 자기만의 원칙을 정하라. 원칙 있는 삶이 아름답고, 후회가 적은 법이다.

50대가 되기 전에 이것만은 꼭!

원칙은 실천할 수 있는 것으로 정할수록 좋다. 실천하지 못하면 아무런 의미가 없다. 자신만이 아니라 남에게도 도움이 된다면 더욱 좋다. 그래야 보람을 갖고 원칙을 실천할 수 있다.

또한 자신의 능력을 키울 수 있는 것으로 정해야 한다. 능력은 키우면 키울수록 좋다. 개성을 살리는 것도 고려해야 한다. 개성은 남과 다른 자신만의 색깔을 갖게 하는 중요한 요소이다.

6

몸은 최고의 자산이다
자기 몸에 투자하라

자신의 목숨을 100억 원과 바꾸자고 누군가가 제의한다면 과연 응할 사람이 얼마나 될까. 아마 모르긴 몰라도 한 명도 없을 것이다. 돈이 아무리 필요하다고 해서 하나뿐인 목숨과 바꿀 수는 없다. 죽고 나서 금고에 돈이 가득한들 무슨 소용이 있을까. 제의에 응하는 사람이 있다면 필시 정신이상자일 것이다. 그렇지 않고서는 미친 짓을 할 리가 없다.

돈보다 중요한 것은 사랑이고, 사랑보다 중요한 것은 자기 자신이다. 몸이 약해 골골하며 약을 달고 사는 삶과 돈은 없어도 건강하고 쌩쌩하게 사는 삶은 차원이 다르다. 아무리 돈이 많아도 골골하면 의욕이 사라져 버린다. 의욕이 사라져 버리면 무엇인가를 하고자 하는 마음도 사라진다. 몸이 골골한데 열정적이고 낭만적인 사랑을 할 수 있을까. 어림없는 소리다. 사랑도 몸이 건강해야 하는

55

것이다.

돈은 좀 없더라도 몸이 건강하면 무엇을 이루려는 열정이 끓어오른다. 사랑 또한 열정적으로 함으로써 삶의 희열을 느낀다. 그리고 삶을 더욱 즐기며 살기를 꿈꾼다. 몸은 최고의 자산이다. 돈으로는 환산할 수 없는 최고의 자산 가치를 지닌다.

내가 아는 이 중에 매우 열정적으로 사는 P가 있다. 그는 건강하게 사는 것을 자신의 '라이프 프로젝트' 중 제1순위로 한다.

"전 제 인생 계획 중 건강을 최고로 칩니다."

"그럼요. 뭐니 뭐니 해도 건강이 최고지요."

언젠가 그와 한 말이다. P는 건강을 최고로 생각하는 사람이다. 그는 일 년 삼백육십오 일 중 하루도 운동을 거르는 날이 없다. 비가 오나, 눈이 오나, 바람이 부나, 한시도 쉬지 않는다. P가 그처럼 건강을 챙기는 이유는 건강을 잃어 봤기 때문이다.

그는 조그만 사업을 하는데, 일이 잘 안 풀려 너무 신경을 쓰는 바람에 많은 스트레스를 받았다. 날마다 술을 마셨고, 몸을 혹사시켰다. 아무리 헤라클레스라 해도 술을 이길 장사는 없다. 스트레스와 술은 건강을 야금야금 갉아 먹는 좀과 같다. 그런데다 줄담배까지 했으니 오죽했으랴.

바위처럼 탄탄했던 그의 몸은 점점 시들해져 갔고, 마침내 그는 협심증까지 앓게 되었다. 한없이 미련한 존재가 인간이 아니던가.

그는 현실의 고통을 잊기 위해 의사의 경고에도 아랑곳하지 않고 자기 몸을 혹사시켰다.

그러던 어느 날 올 게 오고 말았다. 그가 쓰러진 것이다. 그로 인해 1년 넘게 고생을 한 끝에 가까스로 죽음의 공포로부터 벗어날 수 있었다. 그 일이 있고 난 뒤 그가 달라지기 시작했다.

그는 아침 일찍 일어나 집에서 10여 분 거리에 있는 강변으로 가서 달리기를 시작했다. 저녁에는 헬스클럽에 가서 1시간 이상 운동을 했다. 하루도 거르지 않았다. 술도 대폭 줄이고, 담배는 끊었다. 그는 또 하나의 방법으로 사업의 규모를 줄였다. 그의 몸은 탄력을 되찾기 시작했고, 지금은 강철 같은 몸을 갖게 되었다. 그의 나이 56세지만 20대와 같은 체력을 유지하며 즐겁게 생활하고 있다.

"돈 많으면 좋지요. 그러나 돈 버는 일이 그리 쉬운가요. 내가 건강을 잃고 죽을 고비를 맞고 보니, 돈이 나를 따라오는 것이지, 내가 따라가는 것이 아니라는 생각이 확연히 들더군요. 건강한 사람들을 보면 그렇게 부러울 수가 없었어요. 내게도 저런 시절이 있었는데 하며 후회막급이더라고요. 돈, 그거 인생의 전부가 아닙니다. 하루를 살아도 건강하게 살면 그게 행복입니다. 어지간한 일엔 걱정을 안 하는 것이 좋습니다. 걱정은 우리의 몸과 마음을 파괴시키는 요괴이니까요. 그때 생각만 하면 지금도 가슴이 미어집니다."

그는 만나는 사람마다 이렇게 말하며 환히 웃는다.

"요즘은 잘 먹어서 그런지 성인병 환자가 참 많습니다. 병원을 찾는 20대, 30대들을 보면 확연히 알 수 있습니다. 원인은 잘 먹는 데 비해 운동을 잘 하지 않다 보니 몸에 지방이 쌓이게 되고, 노폐물까지 쌓인다는 겁니다. 40대는 특히 더 조심해야 합니다. 40대들을 보면 겉은 멀쩡해 보여도 속은 엉망입니다. 고혈압은 물론 지방간에다, 당뇨에다 한마디로 병을 안고 살지요. 건강하게 살려면 적당히 먹고 운동을 하는 수밖에 없습니다. 또 한 가지는 될 수 있는 한 스트레스를 받지 않는 것입니다."

나와 가깝게 지내는 의사 K의 말이다. 너무 잘 먹어서, 너무 스트레스를 받아서 병이 많은 현대인들의 특징이라고 할 수 있다.

"우리는 마음으로만이 아니라 심장과 폐와 내장으로도 걱정을 한다. 걱정과 근심은 원인이 무엇이든 간에 그 영향이 세포와 조직과 신체의 각 기관에 나타난다. 건강하게 살고 싶다면 걱정과 근심을 줄여야 한다."

미국의 저명한 외과 의사였던 조지 W. 크라일 박사의 말이다.

탁월한 자기 계발 전문가이자 강연자이며 저술가인 노만 V. 피일 박사는 잔걱정을 없애야 한다고 역설한다. 다음은 필 박사가 제시한 잔걱정을 타파하는 비법이다.

1. 걱정은 매우 위험한 마음의 습관이다. 나는 어떤 습관도 변화시킬 수 있다고 다짐하라.

2. 사람들은 걱정을 함으로써 걱정의 노예가 된다. 독실한 신앙 습관을 가지면 걱정으로부터 벗어날 수 있다. 모든 힘과 의지를 다해 신앙의 습관을 실천하라.

3. 매일 아침 잠자리에서 일어나 '나는 나를 믿는다' 는 말을 세 번씩 소리 내어 외쳐라.

4. 오늘 하루를, 내 생명을, 내가 사랑하는 사람을, 나의 일을 신의 손에 맡겨라. 신의 손엔 악함이 없다. 신의 손엔 선함뿐이다. 어떤 일이 일어난다고 해도, 무엇이 되더라도, 내가 신의 손안에 있다고 생각해 그 무엇도 두려워하지 말라.

5. 소극적으로 말하지 말고, 적극적으로 말하라. 항상 적극적인 행동과 긍정적인 말만 하라. 그 어떤 일도 적극적으로 행하라. '오늘은 재수 없는 날이 될 것 같아' 라는 말 대신 '오늘은 즐거운 날이 될 거야' 라고 말하라.

6. 대충대충 하지 마라. 비판적인 말이나 행동도 하지 마라. 압박감을 주는 분위기를 조성하지 말고, 희망과 행복을 느끼도록 말하고 행동하라.

7. 걱정이 많은 사람 마음엔 우울함, 패배감, 부정적인 생각이 꽉 차 있음을 알 수 있다. 이것을 마음으로부터 몰아내고, 행복과 희망과 긍정적인 생각으로 가득 채워라.

8. 희망으로 가득 찬 사람과 교류하라. 창조적이고 낙관적인 사람과 소통하라. 긍정적이고 능동적으로 행동하라. 그런 사람을 자

신의 주변에 배치하라.

9. 걱정으로 힘들어하는 사람을 도와주라. 남을 도와줌으로 해서 그 걱정에서 해방될 수 있음을 믿어라. 남을 도와주다 보면 자신의 마음에도 용기와 희망이 싹튼다.

10. 매일 자신이 신의 협력자가 되어 살아간다고 생각하라. 신께서 자신의 곁에서 함께한다고 믿어라. 모든 일은 믿는 대로 됨을 믿어라.

나 역시 50대를 살고 있는 지금 확연히 달라지는 몸의 변화를 실감하고 있다. 같은 양의 잠을 자도 피로하고, 같은 시간 동안 일의 능률도 떨어진다. 몸의 순발력도 떨어지고, 기억력도 감퇴되고, 움직이는 것이 귀찮아지다 보니 움직이는 양도 줄어든다. 조금 과하게 일을 하거나 움직이면 쉽게 피로함을 느낀다.

그래서 내 나름대로 하는 게 조깅을 겸한 산책이다. 저녁을 먹고 나서 30~40분 걷는다. 걷고 나면 가벼워진 몸을 바로 느낀다. 어쩌다 하루 이틀 거르게 되면 여지없이 몸이 반응을 보인다. 몸이 무겁고 가슴이 답답해진다.

또한 나는 웬만한 걱정은 벗어나려고 한다. 걱정이 하등 도움이 되지 않는다는 걸 너무도 잘 알기 때문이다. 이 세상 그 누가 걱정함으로써 키를 단 1cm라도 키울 수 있을까. 그 누가 걱정함으로써 자연의 질서와 법칙을 바꿀 수 있을까. 살아가는 동안 버려야 할

게 있다면 쓸데없는 걱정을 마음으로부터 몰아내는 것이다.

나는 이렇게 말하고 싶다. 걱정을 하는 대신 기도를 하라고. 기도는 불안한 마음을 잠재우게 하고, 마음의 여유를 찾아 주는 비법이다. 기도는 종교인들만의 전유물이 아니다. 기도는 누구나 할 수 있고, 기도함으로써 불안한 마음을 치유할 수 있다.

돈은 필요한 만큼만 있으면 된다. 돈보다 중요한 것은 건강이고 행복이다. 돈을 잃으면 조금 잃는 것이고, 명예를 잃는 것은 그보다 조금 더 잃는 것이다. 하지만 건강을 잃으면 모두를 잃는 것이다. 40대는 건강을 잃기 쉬운 세대이다. 몸은 최고의 자산임을 잊지 말고, 자신에게 맞게 돈과 시간을 투자하라.

50대가 되기 전에 이것만은 꼭!

건강은 건강할 때 지켜야 한다. 스트레스는 만병의 근원이다. 스트레스를 받지 않고 사는 사람은 없지만, 똑똑한 사람은 스트레스로부터 자신을 방어하는 방법을 알고 있다. 바로 잔걱정에 빠지지 않는 것이다.

자신의 몸은 최고의 보석이다. 사람들은 다이아몬드나 금과 같은 보석은 애지중지 감싸지만, 진짜 소중한 보석인 건강엔 무심히 대한다. 그러다 이상이 왔을 때에야 후회를 한다. 건강은 최상의 가치를 지닌 자산이다.

CHAPTER 2

삶의 무게가 버거울수록
감사하고 감사하라

과거에는 틀림없는 진실이라고 생각했던 것이 지금은 잘못된 것으로 여겨지기도 한다.

지난날 이것만큼은 자신의 확고한 신조라고 여기던 것이 이제는 아닐지도 모른다는 생각이 들 것이다.

그 같은 변화를 자신이 어려서, 깊이가 없어서, 세상을 몰라서라는 이유로 그저 묻어 두지 마라.

그 무렵의 당신에게는 그렇게 생각하고 느낄 필요가 있었기 때문이다. 당시의 수준에서는 그것이 진리며,

신조였다. 인간은 늘 껍질을 벗고 새로워진다. 항상 새로운 삶을 향해 나아간다.

그렇기에 과거에는 필요했던 것이 지금은 필요치 않게 되어 버린 것에 불과하다.

그러므로 스스로를 비판하는 것, 타인의 비판에 귀 기울이는 것은 자신의 껍질을 벗는 것과 다름없다.

한층 새로운 자신이 되기 위한 탈바꿈인 것이다.

1

자신을 멋지게 코디하는
스타일리스트가 되라

 나이가 들어 갈수록 옷을 잘 갖춰 입어야 하고, 형편이 되면 좋은 옷을 입어야 한다. 아무리 잘생긴 남자도, 아무리 어여쁜 여자도 나이가 들어 주름살이 지고 피부의 탄력을 잃게 되면 오래 묵은 사과 껍질처럼 거칠게 변한다. 흔히 하는 말처럼 가는 세월을 이길 사람은 없다.

사람은 누구나 세월 앞에 꼼짝하지 못한다. 세월은 그만큼 힘이 세다. 무슨 배짱으로 가는 세월에 맞설 수 있단 말인가. 그 어떤 것으로도 절대 세월을 이기지 못한다. 그럼에도 세월의 힘에 눌리지 않고 살 수 있는 방법이 딱 하나 있다. 자신을 멋지게 가꾸고 사는 것이다. 나이가 들수록 멋지고 우아하게 살아야 한다는 말이다.

대부분의 사람들은 이와 반대이다. 젊었을 땐 멋지게 살고 싶어 화장품도 이것저것 갖춰 놓고 옷도 잘 입던 여자들도 나이가 들면 언제 그랬느냐 싶게 변하고 만다. 집에서 입던 옷 그대로 동네 슈퍼며, 이웃에 있는 마트며 어디든 씩씩하게 종횡무진 누비고 다닌다. 게다가 슬리퍼까지 신고 화장 안 한 얼굴로 다니는 건 기본이다.

남자들은 어떤가. 남자들은 여자들보다 더하다. 올챙이처럼 툭 튀어나온 배, 까칠까칠한 머리카락, 덥수룩한 수염과 구레나룻은 또 어떤가. 다들 거기서 거기다. 정말 놀라울 정도로 비슷비슷하다. 특히 꼴불견은 덥수룩한 수염에 턱 선을 타고 내려온 꺼칠꺼칠한 구레나룻이다. 게을러 보이고 더러워 보이기까지 하다. 같은 남자인 내가 봐도 이건 아니구나 싶다.

지금은 고인이 되었지만, 흰색만을 고집하며 평생 흰옷만 입었던 앙드레 김. 그는 젊었을 때나 일흔이 지났을 때나 한결같이 변함없는 모습을 보여 주었다. 말씨, 몸가짐, 생활 패턴 등은 누구에게나 귀감이 되었다. 그가 개성이 뚜렷한 의상 디자이너이기 때문이 아니라 삶 자체가 그랬다. 절대 흐트러진 모습을 보이지 않았다. 그만큼 자신에게 철저했다. 그랬기에 세계적인 디자이너로 이름을 떨칠 수 있었다.

"그는 특수한 직업을 가졌으니까 그런 거 아닌가요?"

물론 그렇게 생각할 수도 있다. 하지만 생각해 보라. 어떻게 평생을 그렇게 할 수 있는지를. 그건 삶 자체가 몸에 배지 않으면 할 수 없다. 비슷한 연배들 중 어느 누구도 그처럼 멋지게 자신을 코디하며 사는 사람을 본 적이 없다.

내가 아는 어떤 여성은 자기 관리에 참 철저하다. 보통의 수수한 외모로도 언제나 자신을 관리하여 돋보이게 하는 재주가 비상하다. 그렇다고 남보다 비싼 옷을 입는 것도 아니고, 더 좋은 화장품을 쓰는 것도 아니다. 그녀는 같은 옷, 같은 화장품으로도 자신을 새롭게 보이게 하는 능력이 뛰어나다. 색깔에 대한 감각이 남보다 조금 좋긴 하지만, 그것보다는 잡지나 신문 등을 통해 자신을 세련되게 할 수 있는 정보는 무엇이든 수집한다고 한다.

그녀의 집엔 자신을 아름답게 가꾸는 정보로 가득하다. 여러 벌의 옷을 갖고도 그때그때마다 변화를 주니 늘 새롭게 보인다. 늘 새로운 변화를 추구하다 보니 아주 감각적이고 세련미 넘치는 여자가 되는 것이다. 예뻐지는 것도 모두 노력에 의해서다.

이번엔 반대되는 경우를 보자. 지인 중 C가 있다. 그는 탤런트 이상으로 외모가 뛰어나다. 내가 그를 처음 본 게 스물다섯 살 때였으니 30년이 거의 다 되었다. 그를 처음 보았을 때는 백인의 피가 흐르는 혼혈인 줄 알았다. 이목구비가 뚜렷하고, 무엇보다 크고 쌍꺼풀진 눈이 매우 매력적이었다. 잘생긴 서양 남자보다 잘생긴 외모였다.

그러다 2년 전, 그러니까 이십육 년의 세월이 지나고 그를 만났을 때 나는 깜짝 놀라고 말았다. 예전의 그는 어디로 가고 배불뚝이에다 얼굴에도 주름살이 자글자글했다. 워낙 잘생긴 외모여서 그런지 이목구비 윤곽과 크고 깊은 눈은 여전했다. 그러나 가꾸지 않은 그는 옛 모습이 완전히 뒤바뀌어 있었다. 게다가 멜빵바지와

위에 걸친 상의의 색상이 언밸런스였다. 완전 부조화의 극치였다.

그는 오랜만에 만나 반갑다며 저녁을 사겠다고 했다. 볼일도 마치고 해서 그와 이런저런 얘기를 나누며 즐거운 시간을 보냈다.

"C, 잘생긴 얼굴은 여전하네."

"뭐가. 나도 이젠 다됐어."

"다되다니? 그게 무슨 말이야?"

"세월 앞에 나라고 별수 있나. 되는 대로 사는 거지, 뭐."

"그게 무슨 말이야? 되는 대로 살다니."

"모르지?"

"뭘?"

"나 혼자 지낸 지 벌써 7년째야."

"그래? 어쩌다?"

"집사람이 병으로 갔어."

그는 말하며 옅은 한숨을 쉬었다. 그의 얼굴에 살짝 그늘이 짐을 느꼈다.

"그랬구나. 나는 몰랐어."

나는 그의 말을 듣고 사별 후 혼자 지내 왔다는 걸 알 수 있었다. 그래서 자신을 가꾸지도 않고 사는구나 생각했다.

지금은 중고 자동차를 판매하는 회사를 운영한다고 했다. 애들도 대학 마치고 둘 다 결혼해서 혼자 지낸다고 했다. 나는 돈도 있겠다, 좋은 사람 있으면 제2의 삶을 살라고 넌지시 말했다.

"그러지 않아도 그럴까 생각 중이야. 혼자 사는 건 나도 지쳤어."

그는 내 말에 엷게 웃었다. 나는 꼭 그렇게 하라 말하고는 그와 헤어졌다.

그로부터 1년이 지난 어느 날 그로부터 연락이 왔다. 만나자는 전화였다. 나는 그가 사는 분당으로 갔다. 정확히 1년 2개월 만에 그를 보았다. 나는 또 깜짝 놀랐다. 이번엔 지난번에 봤을 때와는 정반대였다. 너무도 변해 있었다. 옷도 세련되게 입고, 얼굴에도 생기가 돌고, 배불뚝이 배도 꺼져 있었다. 젊은 시절 그의 모습이 그대로 되살아난 느낌이었다.

나는 곧 그 이유를 알게 되었다. 그가 자신보다 6살이나 어린 여자와 재혼을 했던 것이다. 가족과 조용히 치러 아무에게도 연락을 안 했으니 섭섭해 말라며 너털대며 웃었다. '사람이 달라져도 저렇게 달라지는구나' 생각하며 기분 좋게 돌아왔다.

돈을 쌓아 두고도 초라하게 지내던 그가 재혼을 하자 그렇게 달라진 건 놀라운 변화였다. 자신을 가꾼다는 것은 본인에게도 타인에게도 기분 좋은 일이다. 나이가 들수록 잘 입고 잘 가꿔야 한다는 사실을 그를 보고 실감할 수 있었다.

여자든 남자든 멋지게 사는 것이 좋다. 나이 드는 것도 서러운데, 왜 초라하게 살아야 한단 말인가. 다음 나의 제안을 보고 따라서 실천해 보라. 새롭게 달라지는 자신을 느끼게 되어 좀 더 능동적으로 생활하게 될 것이다.

첫째, 배불뚝이 40대들이여, 배를 집어넣어라.

둘째, 수염은 말끔히 깎아라.

셋째, 옷은 이것저것 바꿔 가며 코디하라.

넷째, 형편이 된다면 스킨이나 로션도 좋은 것으로 바르고, 머리 카락은 무스를 발라 세워라.

다섯째, 구두는 광이 나도록 닦아라.

여섯째, 넥타이는 좀 더 세련된 색깔을 하라.

일곱째, 집에서도 대충 입지 말고, 가까운 곳에 외출할 때도 어느 정도 꾸미도록 하라.

여덟째, 집에서도 맨 얼굴로 있지 말고 가벼운 화장이라도 하라.

아홉째, 나이든 티를 절대 내지 마라.

열 번째, 교양 있게 말하고 행동하라.

스스로 나이 먹었다고 말하지 말고, 생각하지도 말아야 한다. 모든 일은 생각하는 대로 된다. 세월은 인생을 행복하게 사는 사람에겐 짧지만, 지루하게 사는 사람에겐 한없이 길다. 40대들이여, 젊게 살고 멋지게 자신을 가꾸는 스타일리스트가 되라.

50대가 되기 전에 이것만은 꼭!

나이가 들수록 자신을 가꿔야 한다. 왜 스스로 품격을 떨어트리려고 하는가. 멋지게 늙어 가는 연습을 하자. 세월의 나이는 어쩔 수 없지만, 마음의 나이는 나의 의지대로 할 수 있다. 젊고 멋지게 살자. 좀 더 환하게, 좀 더 화사하게, 좀 더 생기 넘치게 살자. 날마다 자신을 코디하는 스타일리스트가 되자.

_2
기술은 무형의 주식,
한 가지 기술은 반드시 익혀라

 요즘은 정년이라는 말이 무색할 만큼 정년에 대한 개념 자체
가 희미해지는 세태다. 나이 마흔만 되면 좌불안석에 노심초사하
는 직장인들이 많다. 언제 어느 때 옷 벗고 나가라고 할지 모르기
때문이다.

비정규직이 천만 명 가까이 이른다고 한다. 완전 붙박이라는 정
규직도 위태위태하다. 지금 우리 사회는 꾸준한 경제 성장에도 불
구하고 비정규직이 판치는 등 근로 조건은 매우 열악하다. 오히려
가면 갈수록 점점 열악해질 거라고 한다. 이런 때 '나는 괜찮겠지'
하고 가만히 앉아 있다가는 어느 날 책상이 치워지는 쓴맛을 볼지
도 모른다.

유비무환이라고 했다. 미리미리 자신의 앞날을 대비할 필요가
있다. 나는 피해갈 거라며 넋 놓고 있다 쫓겨난 뒤, '더러운 놈의 세

71

상! 확 뒤집어져 버려라!' 하고 소리쳐 봐야 돌아오는 것은 소태처럼 쓴 씁쓸함과 허무뿐이다.

직장에 몸담고 있는 동안은 열심히 일해야겠지만, 직장을 믿지 말라. 언제든지 떠날 준비를 하라. 떠날 때를 대비해서 자신이 잘할 수 있는 일에 관한 자격증을 취득하라. 자격증은 많으면 많을수록 좋다. 그만큼 일할 기회가 많다는 뜻이다.

1년 전 일이다. 후배 S가 찾아왔다. 그의 모습이 심상치 않아 보였다. 필경 무슨 일이 있을 거라는 생각이 들었다.

"무슨 일 있어?"

"그냥 선배님 뵙고 싶어서요."

S는 거짓말하다 들통 난 아이마냥 어색하게 웃으며 말했다.

"그래, 맥주 한잔할까?"

"예, 선배님. 제가 시키겠습니다."

그는 냉장고에 붙어 있는 광고지를 보고 치킨과 맥주를 시켰다.

그의 얼굴은 불안과 초조함으로 가득 차 있었다. 애써 감추려고 했지만, 내 눈을 속일 수는 없었다. 군대 짬밥이 그냥 짬밥이 아니듯 인생 선배도 그냥 선배가 아니다. 척 하면 삼천 리고, 구 하면 구만 리다. 인생은 살아온 세월의 깊이만큼 알아지는 것이다.

잠시 후 배달된 치킨을 안주 삼아 맥주를 마셨다. 맥주잔이 서너 잔 오고 나서야 그가 속에 품은 말을 쏟아 놓았다.

"선배님, 실은 회사에서 잘릴 것 같아요."

"그래? 확정적인가?"

"그런 건 아닌데, 아무래도 분위기가 심상찮아요. 요즘은 직장에서도 집에서도 살맛이 안 나요."

S의 얼굴에 앞날에 대한 불안한 기색이 역력했다. 그는 동기생들보다 늘 먼저 승진을 할 정도로 유능했는데, 어쩌다 저리 되었을까 생각하니 가슴이 먹먹해졌다.

"자네 마음 이해가 가네. 그런 일이 없으면 좋겠지만, 만약을 위해 계획을 세워 놓았는가?"

"아니요. 그러니까 더 답답해 미칠 것만 같아요."

그는 잇자국이 날 만큼 입술을 깨물며 불안해했다.

"그 심정 이해하네. 그렇다면 평소에 마음에 담아 두거나 해보고 싶은 일이 있는가?"

"식당을 한번 해봤으면 하고 생각했습니다."

"식당도 식당 나름이겠지만 만만치 않네. 주방장을 두고 하는 건 더더구나. 물론 프랜차이즈라면 재료를 회사에서 받고 조리법을 직접 배워서 할 수는 있지. 그것도 생각처럼 쉽지 않다고 하더군. 계약 조건이 회사 쪽에 유리하게 되어 있어서 분쟁이라도 생기면 이길 확률이 별로 없다고 하더군. 음식 장사를 만만히 보면 안 되네. 10명이 시작하면 살아남는 사람은 두세 명에 불과하다고 하더구먼."

"저도 어느 정도 알고 있습니다. 작년에 퇴직한 동기가 퇴직금 하고 아파트 담보 대출을 받은 돈으로 프랜차이즈 식당을 했는데, 일 년도 채 안 되서 망하더라구요. 그걸 보니 자신감이 없어지더군요. 무언가 대비를 하긴 해야 되는데……."

"자네 말이야, 식당을 하고 싶으면 조리사 자격증을 먼저 따게."

"조리사 자격증을요?"

"그래. 주방장을 두면 인건비도 인건비고, 말썽이라도 피우면 감당 못한다고 하네. 그러니 자네가 직접 배워서 하는 거야."

"제가 어떻게……."

S는 자신 없는 표정을 지었다.

"이 사람아, 그럴 자신도 없으면 아무것도 못해. 남들 다 하는데 자네라고 왜 못해. 조리사 자격증을 따고 나서 식당을 하든, 아니면 프랜차이즈를 하든 하게. 조리에 대한 상식을 익히면 프랜차이즈를 하더라도 자신감이 생길 거야."

"정말 그럴 수 있겠네요. 프랜차이즈를 하다 안 되면 작은 식당이라도 열 수 있을 거구요. 그러면 밥이야 못 먹겠어요?"

"바로 그거야. 무턱대고 프랜차이즈를 하기보다는 자격증을 먼저 따는 거야."

S는 내 말에 크게 자신감을 얻었다. 그의 표정이 올 때와는 너무도 달라졌다. 사람이란 걱정을 덜면 표정부터 달라지는 법이다. 나도 자신감을 보이는 그를 보자 내심 걱정스러웠던 마음이 풀렸다.

며칠 후 그는 자신의 아내와 며칠 동안 숙고한 끝에 학원 등록을 했다. 회사가 끝나면 곧바로 달려가 주경야독에 심취했고, 결국 조리사 자격증을 손에 쥐었다. 그는 토요일과 휴일에는 틈틈이 식당에 가서 일을 배웠다.

자격증을 손에 쥐고 난 후 그의 자신감은 실로 커졌다. 앞날에 대한 두려움이 사라졌다. 자격증이 없을 때와 손에 쥐었을 때의 차이점이 컸던 것이다. 다행히도 S는 잘리지 않고 1년이 지난 지금까지 회사를 잘 다니고 있다.

걱정 없이 살아야 잘 사는 것이다. 금고에 돈을 산더미처럼 쌓아 두고 걱정하며 살면 잘 사는 것이 아니다. 그저 남들 눈에만 잘 사는 듯이 보일 뿐이다.

40대들이여, 기술을 배워 두어라. 돈이 유형의 자산이라면 기술이나 자격증은 무형의 주식이다. 지금은 안전지대에 있다고 안심하지 마라. 우리나라에 더 이상 평생직장이란 없다. 언제 어느 때 옷을 벗기고 쫓아 버릴지 모른다. 언제든지 옷 벗고 나올 준비를 해야 한다.

아무런 대비 없이 인생을 한탄하지 말고, 미리미리 준비하여 마음 편하게 살자! 이처럼 강력하게 유비무환을 강조하는 건 나 또한 대한민국 사회에서 10년 동안 직장 생활을 해봤기 때문이다.

나는 감사하게도 부모님께 물려받은 글쓰기 재능이 있어 배짱 좋게 사표 던져 버리고 내 발로 걸어 나왔지만, 어딘가에 속해 있다가 나오면 끈 떨어진 연처럼 위태위태한 게 사실이다. 경험은 가장 훌륭한 스승이다. 나는 돈은 믿지 않아도 진정한 경험은 쌍수를 들고 믿는다.

"인간의 정신은 교육과 훈련에 빠르게 반응한다. 그 정신으로 하여금 당신이 원하는 어떤 것이든 당신에게 돌려주도록 만들라."

탁월한 자기 계발 권위자인 노만 V. 필 박사의 말이다. 필 박사의 말처럼 인간은 그 어떤 배움도 받아들일 수 있는 지구상 유일한 창조물이다.

"다른 사람들이 당신에게 기대하는 것보다 높은 기준을 스스로에게 부여하라."

미국의 뛰어난 목회자인 헨리 워드 비처의 말이다. 비처의 말처럼 사람은 누구나 높은 기준을 스스로에게 부여할 만큼 소중하고 능력 있는 존재이다.

노만 V. 필 박사와 헨리 워드 비처의 말처럼 미리미리 배우고, 좌절하지 말고 새롭게 시작할 준비를 해야 한다. 반드시 실행에 옮겨 다가올 50대를 준비하길 바란다.

"선배님, 자격증이 있으니까 든든한 보험을 들어 놓은 것 같습니다."

나를 만날 때마다 S는 이렇게 말하며 환하게 웃는다. 나는 간절히 바란다. 나의 후배 S가 잘리지 않고 꿋꿋하게 살아남아 당당하게 정년을 맞이하기를.

미래를 위해 보험 증권이나 통장을 갖고 있으면 마음이 든든하다고 말한
다. 왜 그럴까? 믿는 구석이 있어서이다. 지갑에 돈이 넉넉하게 들어 있으
면 어딜 가든 어깨에 힘이 들어간다. 돈이 적거나 없으면 자신도 모르게
어깨가 축 처진다.

믿는 구석이 있는 것과 없는 것의 차이는 한 사람의 마음을 완전히 뒤바꾸
어 놓는다. 기술을 배워라. 자격증을 한두 개씩 취득하라. 기술은 앞날을
보장해줄 가장 확실한 무형의 주식이다.

_3

늘 마음을 새롭게 하라
새로운 길이 열릴 것이다

"과거에는 틀림없는 진실이라고 생각했던 것이 지금은 잘못된 것으로 여겨지기도 한다. 지난날 이것만큼은 자신의 확고한 신조라고 여기던 것이 이제는 아닐지도 모른다는 생각이 들 것이다. 그 같은 변화를 자신이 어려서, 깊이가 없어서, 세상을 몰라서라는 이유로 그저 묻어 두지 마라. 그 무렵의 당신에게는 그렇게 생각하고 느낄 필요가 있었기 때문이다. 당시의 수준에서는 그것이 진리며 신조였다. 인간은 늘 껍질을 벗고 새로워진다. 항상 새로운 삶을 향해 나아간다. 그렇기에 과거에는 필요했던 것이 지금은 필요치 않게 되어 버린 것에 불과하다. 그러므로 스스로를 비판하는 것, 타인의 비판에 귀 기울이는 것은 자신의 껍질을 벗는 것과 다름없다. 한층 새로운 자신이 되기 위한 탈바꿈인 것이다."

독일의 철학자 프리드리히 니체의 말이다.

새로움이란 무엇인가? 사람은 누구나 새로움이라는 명제에 대해 어떻게 생각하고 대처해야 하는지 생각해 볼 필요가 있다. 더구나 시시각각 변화하는 현대에서 뒤처지지 않고 살아가려면 더더욱 새로움에 대해 생각해야 하고, 자신을 그것에 맞출 줄 알아야 한다. 니체는 스스로를 비판하고, 타인의 비판에 귀 기울이라고 말한다. 그것이야말로 묵은 생각을 벗어버리는 방법이어서 새로운 자신이 될 수 있다는 뜻이다. 아주 적절한 지적이 아닐 수 없다.

"늘 보는 눈을 가져라. 보는 눈이 밝지 않고서는 높은 진리를 발견할 수 없다."

늘 보는 눈을 가진다는 것은 새로운 자아를 발견하라는 말이다. 자아가 새롭지 못하면 지금보다 더 나은 세계로 나아갈 수 없다. 눈이 침침하면 찾고자 하는 물건을 곁에 두고도 헤매는 법이다. 마찬가지로 생각이 새롭지 못하면 삶의 진리를 새롭게 깨닫지 못한다. 늘 자신의 마음을 살펴보는 눈, 즉 자아를 발견하는 것에 게을러서는 안 된다.

마음을 새롭게 한다는 의미는 깨어 있는 의식을 갖는다는 것이다. 의식이 깨어 있으면 그 어떤 것도 새롭게 바라보게 되고 받아들이게 된다. 마음이 새롭지 못하면 고여 있는 물처럼 삶은 정체되고, 급기야 퇴락한 삶을 살아갈 수밖에 없다. 사람들은 그것을 잘 모르고 살아간다. 낡은 마음에서 벗어나지 못하고 일이 잘 풀리지 않는 것을 상대방 탓으로 돌리고, 부모 탓으로 돌리고, 사회 탓으로 돌리고, 남편 탓으로 돌리고, 아내 탓으로 돌리고, 자식 탓으로 돌리고, 직장 상사 탓으로 돌리고, 부하 직원 탓으로 돌리며 불평불만을 일삼는다. 이래 가지고서야 어떻게 급물살처럼 변화하는 삶을 쫓아갈 수 있을까.

모든 원인은 자신에게 있다. 그런데도 자신의 무능을 감추기 위해 상대방을 탓하고, 사회를 탓할 것인가. 자기모순에서 하루빨리 벗어나야 한다. 그러지 않으면 이를 가는 이리와 같이 슬피 우는 결과에 봉착할지도 모른다.

새로운 생각으로 마음의 옷을 갈아입으면 어떤 결과를 맞을지에 대해 생각의 주파수를 맞춰 보자. 새로운 의식을 갖게 되면 활발한 에너지가 발생한다. 잠시도 가만히 앉아 있지 못한다. 무언가를 시도해야겠다는 의지가 스파크를 일으키며 강렬한 불꽃을 피워 올린다. 스스로가 견딜 수 없는 마음에 사로잡힌다. 그렇게 길을 찾다 보면 새로운 길이 열리는 것이다.

아이스크림의 대명사인 배스킨라빈스의 창업자 어바인 라빈스. 그가 아이스크림의 대명사가 되는 출발점은 1945년 제2차 세계대전이 끝나고 나서였다. 그때 그는 육군에서 막 제대를 했었다. 당시 아이스크림만 파는 가게는 누구도 상상하지 못했는데, 그는 미국 캘리포니아 글렌데일에서 스노우버드라는 이름의 아이스크림 가게를 냈다.

라빈스는 매부와 동업을 해 배스킨라빈스라는 가게를 열고 다양한 맛을 내는 아이스크림 개발에 열정을 쏟아 부었다. 그의 피나는 노력은 놀라운 결과를 가져다주었다. 톡톡 튀는 새로운 아이디어가 부와 명성을 안겨 주었던 것이다.

성공을 거둔 그는 미국을 벗어나 전 세계에 자신의 아이스크림 매장을 두겠다는 새로운 생각을 하기에 이른다. 그는 마침내 자신의 꿈을 심기 시작했다. 그 결과 50여 개 나라에 5,800여 개가 넘는 매장을 거느린 아이스크림 거부가 되었다.

어바인 라빈스는 훗날 자신은 정신 나간 일을 벌이고 싶었다고 말했다. 남과 똑같이 하지 않고 개성 있게 운영을 하고 싶었다는 말이다. 그는 앞서서 생각하고, 머릿속에 세밀한 그림을 그리고, 그것을 토대로 꾸준히 성공의 의지를 키워 나갔다. 자신의 상상력을 적극 활용했던 것이다. 새로워지려는 생각과 시도는 새로운 일을 해나가는 데 있어 가장 좋은 성공 조건이다.

미국의 작가 로버트 클리어는 말했다.

"성공을 거둔 세상의 위대한 이들은 자신의 상상력을 활용한다. 그들은 앞서서 생각하고, 머릿속에 세밀한 그림을 그리고, 그것을 토대로 꾸준히 성공을 쌓아 나간다."

참으로 적확한 지적이 아닐 수 없다.

내가 아는 어떤 이가 음식점을 오픈하였다. 그의 선택은 삼겹살만 파는 식당이었다. 처음 하는 사람이 보다 쉽게 접근할 수 있는 체인점이 있었지만, 그는 자신만의 메뉴를 개발했다. 남과 똑같은 메뉴를 거부한 것이다.

그는 자신만의 비법을 찾기 위해 1년 넘게 삼겹살로 소문난 음식집에 취직을 하여 하나씩 하나씩 배워 나갔다. 그는 성실과 끈기로 일을 배우고 준비를 했다. 일을 배우면서도 집에서 자신만의 양념 개발에 몰입하였다. 수없이 많은 시행착오 끝에 그는 드디어 자신만의 메뉴 개발에 성공하였다.

그는 대학생들을 상대로 박리다매의 전략을 택했다. 가게를 오픈하고 3개월이 지나면서 소문이 나기 시작했다. 가게는 연일 사람들로 들끓었다. 가게를 오픈한 지 1년 만에 자신의 가게 이름을 딴 2호점을 열었다. 그는 얼마 뒤 3호점까지 내는 성공적인 결과를 이끌었다. 그만의 새로운 생각이 새로운 길을 활짝 열어 주었던 것이다.

"성공한 사람은 더욱 더 성공하는 경향이 있다. 항상 성공을 생각하기 때문이다."

미국의 비즈니스 컨설턴트이자 성공 전략가인 브라이언 트레이시의 말이다. 잘되는 사람이 더욱 잘되는 이유는 항상 잘되기 위한 새로운 생각으로 무장하기 때문임을 알 수 있다.

브라이언 트레이시는 다음과 같은 말도 했다.

"발견이란 모두가 보는 것을 보면서 아무도 생각한 바가 없는 무엇을 생각하는 것이다."

누구나 똑같이 보지만 아무도 생각하지 않는 무언가를 생각해내는 것이 발견이다. 매우 타당한 말이라고 할 수 있으며, 이 또한 새로운 것에 대한 생각을 의미한다고 하겠다.

언젠가 텔레비전 프로그램에 출연한 구순의 할아버지 말이 생각난다.

"몸이 늙었다고 마음까지 늙은 것은 아니지. 나는 눈을 감을 때까지 언제나 젊게 살 거야. 그게 내가 지금 할 수 있는 일이니까."

나이가 많아진다고 생각이 늙어지는 것은 아니다. 마음이 늙고 생각이 낡으면 그것이야말로 늙는 것이다. 항상 자신을 새롭게 하라. 새로운 마음, 새로운 생각이 새 길을 열어줄 것이다.

50대가 되기 전에 이것만은 꼭!

중늙은이라는 말이 있다. 나이는 어린데 생각하는 것, 말하는 것, 하는 행동 따위가 마치 노인 같아 보이는 사람에게 붙이는 유쾌하지 못한 명칭이다. 사실 우리 주변에도 이런 사람들이 의외로 많다. 생각이 고루하고, 새로운 것에 대한 도전 의식도 없다. 그저 하루하루를 잘 넘기기만 하면 된다는 식으로 살아간다. 무사안일주의! 40대란 나이는 인생의 한가운데이다. 아직도 살아갈 날이 절반이나 남았다. 왜 자신을 중늙은이로 전락시키려고 하는가. 날마다 마음을 새롭게 하라. 새로운 길이 열릴 것이다.

_4
고민을 안고 가지 말고
즉시 풀어 놓아라

근심은 만병의 근원이라는 말이 있다. 근심을 하면 불안한 마음에 사로잡힌다. 불안한 마음은 사람을 위축되게 만들고, 자신감을 빼앗아 버리고, 부정적인 사람이 되게 한다. 불안의 노예가 되면 매사를 걱정스럽게 생각한다. 이런 일이 반복되다 보면 소화도 안 되고 짜증만 나서 가족은 물론 친구, 직장 동료, 주변 사람들을 불편하게 만든다. 그러다 보니 가족에게도, 친구에게도, 직장 동료에게도, 주변 사람들에게도 인심을 잃고 귀찮은 존재로 전락한다. 결국엔 고민의 우물에서 헤어나지 못해 마음병에 걸려 병원을 전전하게 되는 것이다.

고민은 인간을 위협하는 적일 뿐, 고민으로는 그 어떤 것도 해결하지 못한다. 다만 스스로를 더욱 불완전한 사람으로 끌고 갈 뿐이다.

어떤 사람이 있었다. 그는 키도 크고 성격 또한 시원시원한 사람이었다. 그의 집은 늘 딸아이가 치는 피아노 소리로 가득 찼고, 웃음이 떠나질 않았다. 그만큼 그의 가정은 평안했으며 행복했다.

그러다 비극을 예감하는 일이 벌어지고 말았다. 그가 직장 동료들로부터 오해를 사게 되었다. 고자질쟁이라는 불명예스러운 누명을 썼다. 같은 과에 있는 직장 동료가 해고를 당했는데, 동료의 실수를 제보한 사람이 바로 그라는 오해였다.

"이봐, 나는 아니야. 나는 아니라고!"

"거짓말! 너는 의리도 없는 놈이야. 너는 우리와 함께할 수 없는 존재야. 꺼져. 꺼져 버리라고!"

그는 아니라고 극구 부인했으나, 돌아오는 건 심한 모멸감뿐이었다. 그는 모멸감을 안고 집에 와서는 아무런 내색도 하지 않았다. 속이 상하니까 혼자 술만 마셔 댔다. 평소와 다른 그를 보고 아내가 말했다.

"여보, 회사에 무슨 일 있어요?"

"아니."

"그런데 왜 안 하던 술을 마시고 그래요."

"지금 새롭게 진행하는 프로젝트가 잘 안 풀려서 그래."

"그래도 너무 마시진 말아요."

"그럴게. 걱정하지 마."

그는 아내를 안심시키기 위해 대충 둘러댔다.

아침마다 출근하는 길이 마치 죽으러 가는 것처럼 고통스러웠다. 그는 자신이 잘못한 게 없으니 곧 오해가 풀리리라 믿고 이를 악물며 버텼다.

"참 낯짝도 두껍다. 나 같으면 그만두고 말겠다."

"누가 아니래. 그러니 그런 짓을 하고도 눈 하나 까딱 안 하지."

"그러게 말이야. 완전 철판을 깔았군."

그 일이 있기 전엔 누구보다도 다정다감하던 동료들로부터 받는 고통은 그를 고민의 깊은 바다로 한없이 끌고 들어갔다. 그러는 동안 보름이 지났지만, 억울한 누명을 벗기는커녕 오히려 동료들의 비판과 손가락질은 점점 심해져만 갔다.

어느 날 퇴근한 그는 가족들이 깊이 잠든 새벽에 편지를 쓰기 시작했다. 자신의 결백을 밝히는 편지와 아내와 아이들에게 쓰는 편지였다. 직장 동료들과의 아름다웠던 추억, 자신은 절대로 동료들을 미워하지 않았다는 내용, 오해가 풀려 명예가 회복되길 바라는 마음 등을 담아 썼다. 아내에게는 언제나 사랑했고, 변함없이 사랑한다는 말과 함께 아이들을 잘 부탁한다고 썼다. 아이들에게는 엄마 말을 잘 듣고 씩씩하게 커 달라고 당부하는 내용이었다.

편지를 쓰는 내내 흘러내리는 눈물로 멈췄다간 다시 쓰기를 열 번도 더 했다. 편지를 쓰고 난 그는 아이들 방으로 가서 깊이 잠든 아이들을 눈물 젖은 눈으로 한참 동안이나 바라보았다. 차례로 아이들 볼에 입을 맞춘 그는 거실로 나와 안방으로 들어갔다. 가난했던 자신을 만나 고생만 했던 아내를 바라보았다. 잔주름 하나 없던 고운 얼굴에 서려 있는 잔주름을 보자 눈물이 터져 나왔다.

'여보, 그동안 고마웠어. 당신 만나 얼마나 행복했는지 몰라. 온 세상을 다 가진 듯 너무 행복했어. 지금에서야 하는 말인데, 당신은 내게 너무 과분한 사람이었어. 그만큼 내겐 큰 축복이었어. 그런데 더 이상 당신과 함께할 수 없어. 정말 미안해. 우리 아이들을 잘 부탁해. 사랑했어.'

그는 거실로 나와 한참을 흐느껴 울었다. 그러는 동안 날이 밝아 오기 시작했다. 그는 머리를 감고 세수를 했다.

"어머, 당신 언제 일어났어요?"

"방금 전에."

"조금만 기다려요. 얼른 맛있는 밥 해 줄게요."

"그래, 알았어."

그는 아내를 안아 주고는 방으로 들어왔다. 더 이상 있다가는 눈물이 터져 나올 것만 같았다. 잠시 후 그는 아내가 차려준 밥을 먹으며 말했다.

"오늘따라 밥이 더 맛있네."

"그래요? 고마워요. 아침부터 칭찬을 다 듣네……."

아내는 이렇게 말하며 그의 숟가락에 생선을 얹어 주었다. 순간 터져 나오려는 눈물 때문에 목이 메었다. 그는 억지로 눈물을 삼키며 밥을 먹었다. 아내가 해준 마지막 밥을 남길 수 없어 밥알 하나

남기지 않고 말끔히 비웠다.

"여보, 갔다 올게."

"잘 다녀와요. 저녁 때 자기 좋아하는 참치찌개 준비해 놓을게."

"알았어. 간다!"

그는 몇 번이나 뒤돌아보며 아내에게 손을 흔들고 아파트를 빠져나갔다.

이튿날 동해 바닷가 모텔에서 그의 주검과 2통의 편지가 발견되었다. 그는 고민을 견디지 못하고 목숨을 내던지고 말았다. 그의 죽음 앞에 절규하던 아내와 어린 두 아이, 늙은 어머니의 모습은 보는 이로 하여금 깊은 슬픔에 잠기게 했다. 그가 죽고 나서 누명은 벗겨졌다. 잘못된 동료들의 오해가 한 가정의 가장을 죽음으로 몰아갔던 것이다.

쓸데없이 남을 오해하는 행동은 한 가정을 파괴시킬 만큼 큰 죄가 아닐 수 없다. 이런 일이 우리 사회에서 심심찮게 일어나는 것은 성숙하지 못한 의식에서 오는 졸장부 근성 때문이다.

잘못 없음을 증명하려는 그의 죽음은 가족들에게 평생 씻을 수 없는 아픔을 남기게 되었다. 만일 그가 아내에게라도 고민을 털어놓았더라면 그 같은 불행은 일어나지 않았을 것이다. 자기만 고민을 안고 가는 것이 최선이라고 생각했지만, 더 큰 상처가 되어 돌아왔다.

고민이 있으면 털어놓아라. 배우자가 무엇인가. 기쁨과 슬픔, 고민, 아픔을 함께하는 인생의 영원한 파트너가 아닌가. 남자들 중엔 아내를 위해서, 아이들을 위해서란 명분으로 모든 걸 혼자 떠안으려 하는 무모한 결정을 내리곤 한다. 아주 잘못된 판단이다. 남자의 자존심도 아니고, 멋도 아니고, 개뿔도 아니다. 다만 그럴듯한 오기로 가장한 자기모순일 뿐이다.

H란 남자가 있다. 그는 조그만 사업을 하는 마흔둘의 명랑 쾌활한 사람이다. 매사를 긍정적으로 생각하고, 낙관적으로 생각했다. 작은 고민도 아내에게 털어놓으며 의견을 묻곤 했다. 혼자 고민해 봤자 아무 소용이 없다는 것이 평소 그의 생각이었다.

어느 날 그는 편지 한 통을 받았다. 발신자 주소를 보니 법원이었다. 사업 자금으로 은행에서 돈을 대출받았는데, 일이 잘 안 풀려 그만 부도를 내고 말아 다른 자산을 압류하겠다는 통보였다. 그동안 아내에게는 잘될 거라고 말해 왔지만, 막상 내용물을 보는 순간 그의 표정이 어두워졌다.

그는 곧 마음을 가다듬고 진정했다. 매도 먼저 맞는 게 낫다는 말처럼 그는 그날 맥주를 마시며 아내에게 사실대로 말했다. 아내는 의외로 담담했다.

"아파트 팔고 전세로 가지, 뭐."

"그래도 되겠어?"

"그렇게 해야지. 그렇다고 또 돈 빌릴 거야?"

"미안해."

"미안하긴. 당신이 허튼 일을 한 것도 아니잖아. 힘내. 당신을 믿어. 용기만 잃지 마. 알았지?"

그는 아내의 말에 눈물이 나는 걸 가까스로 자제하며 말했다.

"고마워. 끝까지 믿어 줘서."

다음 날 즉시 부동산에 아파트를 내놓았고, 한 달 후 전세로 옮겼다. 그는 열심히 일했다. 자신을 이해해 주는 아내를 위해 최선을 다했다. 드디어 3년 후 저번보다 사업을 확장시키고 더 큰 아파트로 이사를 했다.

그는 자신의 고민을 혼자 안고 가지 않고 털어놓았다. 그 결과 아내로부터 힘을 얻어 어려움을 이겨내고 보다 잘될 수 있었다.

고민 없이 살아가는 사람은 없다. 그 고민을 해결하는 방법은 사람에 따라 각기 차이를 보인다. 어떤 사람은 무조건 술독에 빠지고, 어떤 이는 방황을 하고, 다른 어떤 이는 고민을 털어놓음으로써 지혜롭게 탈출을 꾀한다. 전자의 경우에도 만일 자신의 고민을 아내에게 털어놓았더라면 죽지 않더라도 억울함을 해결할 방법을 찾았을지도 모른다.

"고민을 잊어라. 고민을 털어놓아라. 고민한다고 절로 이루어지는 일은 없다."

자기 계발과 동기 부여가로 유명한 데일 카네기의 말이다. 나 역시 이 말에 전적으로 동의한다. 나는 될 수 있는 한 고민이 생기면 잊으려고 애쓴다. 현재의 내 힘으로 어쩌지 못하는 것은 체념한다. 그러다 보면 새로운 길이 보인다.

혼자 고민을 안고 가지 마라. 더군다나 40대는 그 어느 세대보다도 고민이 많은 세대다. 그 많은 고민을 혼자 안고 간다는 것은 자살 행위이다. 고민은 털어놓을 때 벗어날 수 있음을 명심하라.

50대가 되기 전에 이것만은 꼭!

고민은 인간이기에 어쩔 수 없이 찾아오는 불청객이다. 인간은 누구라도 고민과 승부를 겨뤄야 한다. 어떻게 고민으로부터 자신을 지킬 수 있을까. 혼자 고민을 안고 가지 말고, 털어놓고 지혜를 구하는 것이다. 여러 사람이 함께하면 생각지도 못한 뜻밖의 지혜를 생각해 낸다. 불가피한 고민은 소크라테스의 말처럼 받아들여라. 불가피한 고민은 받아들이는 것이 최상의 방책이다. 고민하지 말고 떨쳐 버려라.

_5

인연은 삶의 보석,
인연을 더욱 소중히 하라

나이가 들면서 점차 느끼는 것 중 하나가 인연을 소중히 여겨야겠다는 생각이다. 눈 뜨면 매일 만나는 주변의 사람들, 그리고 새롭게 만나는 사람들 모두는 소중한 사람들이다. 가까이에 있는 사람들과는 더욱 가까이 지내고, 새로운 인연을 맺는 사람들은 놓치지 말고 자신이 가는 길에 동행자로 삼아야 한다.

사람은 꽃보다 아름답고, 황금보다도 빛난다. 인간 개개인은 아주 소중한 보석과도 같은 존재다. 보석은 사라지면 그만이지만, 소중한 인연은 언제나 곁에 머물며 외로울 땐 외로움을 덜어 주고, 슬플 땐 위로해 주고, 어려운 일에 놓이면 어려움을 함께 나눠 준다.

젊었을 땐 인연의 소중함을 뼈에 새길 만큼 알지는 못한다. 친구만 있으면 충분한 시절이라 그럴 수밖에 없다. 차츰 사회생활을 시작하면서 인연의 소중함에 눈을 뜨게 된다. 새로운 사람을 만나게 되고, 그 한 사람 한 사람이 없어서는 안 된다는 것을 알게 된다.

40대를 지나 50대에 이르고 보니 인연의 소중함을 좀 더 잘 알았더라면 하는 생각이 간절해진다. 일과 관계되지 않은 다양한 인연이 인생을 확장시켜 나가는 데 큰 도움이 된다는 사실을 알게 되었다. 다시 말해 인연은 '삶의 마시멜로' 이다.

한때 호아킴 데 포사다의 《마시멜로 이야기》가 서점가를 휩쓸며 베스트셀러가 되었다. 《마시멜로 이야기》를 읽고 느낀 것은 인간관계의 소중함이었다.

명품 정장을 멋지게 차려입고 세련된 리무진을 타고 다니는 사장 조나단과 그의 운전기사 찰리. 하루하루를 의미 없이 지내던 운전기사 찰리가 조나단으로부터 삶의 진정성을 배우게 되고, 그의 배려로 대학에 입학하고 저축도 하면서 자신의 빛나는 미래를 향해 나아간다. 찰리를 새로운 길로 나아가게 한 조나단은 진정한 인생의 멘토이다. 조나단은 찰리에게 있어 아주 소중한 인연이었던 것이다.

한 귀족 소년이 방학을 맞아 시골로 놀러 갔다. 소년은 수영을 즐기기 위해 호수에 뛰어들었다. 그러다 발에 쥐가 나는 바람에 위급한 상황에 처하게 되었다. 귀족 소년은 살려 달라고 소리를 질렀다. 그 소리를 듣고 한 소년이 달려왔다. 소년은 망설이지 않고 물에 뛰어들어 귀족 소년을 구해 주었다. 귀족 소년은 목숨을 구해

준 소년과 친구가 되었다. 방학이 끝나고 귀족 소년이 런던으로 돌아간 뒤에도 두 소년은 편지를 주고받으며 우정을 키워 나갔다.

열세 살이 된 시골 소년이 학교를 졸업하자 귀족 소년이 물었다.

"넌 커서 뭐가 되고 싶니?"

"의사가 되고 싶지만, 우리 집은 가난해서 그럴 수 없어. 둘째 형이 돈을 벌긴 해도 아직은 내 학비를 대줄 형편이 아니야."

귀족 소년은 생명의 은인인 소년을 돕기로 마음먹고 아버지에게 말해 런던으로 데리고 왔다. 시골 소년은 귀족 소년의 도움으로 런던의과대학에 진학해 마침내 의사가 되었다. 그 후 포도당구균을 배양하다 발견한 푸른곰팡이를 연구하여 페니실린이라는 기적의 약을 만들었다. 당시에는 뇌막염, 폐렴 같은 병을 치료하는 약이 없어 많은 사람들이 죽었는데, 페니실린이 그 사람들을 살려 냈다. 그는 공로를 인정받아 1945년 노벨의학상을 수상하였다. 그가 바로 알렉산더 플레밍이다.

귀족 소년은 육군사관학교를 나와 군인이 되었고, 26세 때 국회의원이 되었다. 그는 전쟁 중에 폐렴에 걸려 생명이 위독하였다. 소식을 들은 플레밍은 전쟁터로 달려가 젊은 정치가를 살려 냈다. 젊은 정치가는 훗날 영국 수상을 2번이나 역임하였다. 그는 바로 제2차 세계대전의 영웅이었으며, 회고록《제2차 세계대전The Second World War》을 써서 노벨문학상까지 받은 윈스턴 처칠이다.

하필 처칠의 다리에 쥐가 났으며, 마침 그곳에 플레밍이 있었을까. 의사가 된 플레밍이 어쩌다 페니실린을 개발해서 폐렴에 걸린 처칠의 목숨을 구했을까. 아무리 극적인 드라마라고 해도 이보다 극적일 수 있을까. 처칠과 플레밍은 서로의 인생에 있어 매우 소중한 인연이었던 것이다.

한 가지 극적인 이야기를 더 보기로 하자.

인생의 고통이 너무 커 죽으려고 했던 이가 있었다. 그는 친구에게 사기를 당해 전 재산을 날렸고, 아내로부터 이혼을 당했다. 하루 아침에 빈털터리가 되었고, 배신까지 당했다. 그는 자신의 현실을 인정하려고 하지 않았다. 모든 것이 꿈에서 일어난 일 같았다. 그를 더욱 힘들게 하는 것은 가족으로부터 철저하게 외면당하는 고통이었다. 친구들과 주변 사람들의 비웃음과 따돌림이었다. 어느 누구도 그를 반겨 주지 않았다. 믿었던 친구들도 한두 번은 그를 만나 밥도 사고 술도 샀지만, 점점 만남을 꺼렸다.

어느 날 그는 가장 믿었던 친구에게 전화를 걸었다. 아무리 신호가 가도 전화를 받지 않았다.

'바빠서 그럴 거야. 아니면 무슨 사정이라도 있겠지.'

그는 이번엔 친구의 사무실로 전화를 했다. 여직원이 전화를 받았다. 바꿔줄 테니 잠시만 기다리라고 해서 기다렸는데, 여직원은 이내 친구가 급히 전무실로 갔다고 말했다. 전화를 끊은 그의 얼굴은 일그러졌다. 슬픔의 그림자가 그의 얼굴을 가득 에워쌌다.

'아, 이젠 너마저 나를 외면하는구나. 너라고 날 만나는 게 반가울 리가 없겠지. 그래, 다 그런 거야······.'

그는 평소 잘 가던 바다로 갔다. 모든 것이 싫었다. 자신도, 가족도, 친구도, 그 무엇도 싫었다. 바다에 도착한 그는 포장마차에 들러 술을 마셨다. 술을 마시던 그는 갑자기 큰 소리로 울기 시작했다. 깜짝 놀란 포장마차 주인은 인상을 잔뜩 찌푸리며 그를 밖으로 내쫓았다.

"재수가 없으려니, 별 거지 같은 게 다 와서 울어. 에이, 재수 없어."

포장마차 주인의 비아냥거림에도 그는 아무런 대꾸도 없이 바닷가를 향해 걸어갔다. 파도가 넘실거리며 긴 혓바닥을 날름거렸다. 그는 두 눈을 꽉 감고 바다를 향해 몸을 날렸다. 인명은 재천이라는 말이 있듯 마침 그 광경을 지켜보던 사람이 있었다. 그 남자는 재빠르게 물속으로 뛰어들어 그를 구했다. 물 밖으로 나온 남자는 그를 데리고 인근 횟집으로 갔다. 남자와 마주 앉은 그는 고개를 푹 떨군 채 눈물만 흘렸다.

"무슨 일인지는 몰라도 하나뿐인 목숨을 함부로 내던져서야 되겠소."

"······."

그는 남자의 말에 아무 대꾸도 없이 눈물만 흘렸다.

"젊은이, 술 한잔하며 툭 터놓고 말해 보시오. 누가 아오. 내가 작은 힘이라도 될지."

50이 넘어 보이는 남자는 인자한 목소리로 말하며 술을 따라 주었다. 남자의 말에 눈물을 그친 그는 그동안 있었던 이야기를 털어놓았다. 처음 본 남자가 왠지 자신의 답답한 속을 풀어줄 것만 같았다. 그의 모든 사정 얘기를 들은 남자는 빙그레 웃으며 말했다.

"이 세상에서 가장 좋은 것도 사람이고, 가장 더럽고 추한 것도 사람이오. 내 형편이 좋을 땐 주위에 사람들이 꼬이지만, 형편이 초라해지면 떠나는 것도 사람들이오. 사람을 너무 믿지도 말고, 너무 멀리하지도 마시오. 그냥 내가 살아가는 데 있어 필요한 것 중 하나라고 여기시오. 그게 차라리 옳은 생각일 거요. 그렇다면 죽는다는 게 너무 억울하지 않소? 그런 사람들의 외면 때문에 하나뿐인 소중한 목숨을 버리려 하다니……."

그는 남자의 말을 잠잠히 듣기만 했다.

"이름이 무엇이오?"

"M입니다."

"난 M씨를 보는 순간 내 지난날이 떠올랐소. 나 역시 M씨처럼 좌절하며 방황하던 때가 있었소. 그때 나를 잡아준 분이 지금의 장인어른이오. 그 어른을 만나지 못했더라면 지금의 나는 없을 것이오. 몇 해 전에 돌아가셨지만, 내 인생의 큰 스승이었소. 그분은 나를 자신이 경영하는 회사에 취직을 시켜 주었고, 훗날 나를 사위로 삼아 회사를 물려주었소. 난 열심히 일하는 것으로 그분의 은혜를 갚으려 했고, 결국 회사를 몇 배나 키울 수 있었소."

M은 남자의 이야기를 들으면서 자신의 어리석음을 깨달았다. 사람이란 거기서 거기라는 사실을 자신이 잊고 살아왔다는 것을. 그는 어리석음을 깨닫게 해준 남자를 향해 넙죽 큰절을 올렸다. M은 목숨을 살려준 은인이며 인생의 스승으로 그 남자를 모시기로 했다.

M은 남자의 주선으로 공장에 취업을 하였다. 그는 몸이 부서져라 열심을 다해 일하였다. 몇 년 동안 돈을 모아 덤프트럭을 샀다. 여러 회사와 운송 계약을 맺고 열심히 일을 하였다.

"M, 저 친구 정말 대단해. 마치 신들린 듯이 일한다니까……."

성실하고 정확한 M은 그곳 사람들에게 보증수표로 통했다. 그의 덤프차는 2대가 되었고, 곧 3대가 되었다. 그는 절망 끝에서 희망을 찾아 전보다 나은 삶을 찾았다. 그의 인생의 겨울은 참혹하리만치 혹독했지만, 결국 그는 자신의 인생을 따스한 봄으로 되돌려 놓았다.

그렇게 되기까지는 M을 친동생처럼 생각하고 이끌어준 남자가 있었기에 가능했다. 한 사람과의 소중한 인연이 인생을 완전히 뒤바꾸어 놓았다. M을 구하고 취직을 시켜 주며 용기와 희망을 불어넣었던 50대 남자는 M에게 있어 생명보다 소중한 인연이었다.

나는 이들의 아름다운 인연 이야기를 듣고 크게 감동하였다. 나 또한 50대의 나이를 살고 있다 보니 사람과 사람 사이의 인연이 더

욱 간절하게 다가온다. 지난 인연이든, 새로운 인연이든 지금의 내
겐 너무 소중하다. 설령 내가 손해 보는 일이 있더라도 깨지 않으
려고 먼저 다가간다. 과거라면 어림도 없는 일이다.

젊은 시절 나는 자존심으로 똘똘 뭉쳐 있었다. 자존심이 상하는
일엔 그 누구를 막론하고 당당하게 맞섰고 두려움도 없었다. 소중
한 인연과 담을 쌓아 갔다. 나는 그것이 못내 아쉽고 가슴 아프지
만, 이미 돌이킬 수 없는 일이 되고 말았다.

나는 후배들이나 제자들에게 말한다. 인연을 소중히 여기라고.
인연은 '삶의 마시멜로'이다. 인연을 소중히 하는 당신이 되라.

50대가 되기 전에 이것만은 꼭!

부부는 하늘이 맺어 준다는 말이 있다. 어디 부부뿐이랴. 해악을 주지 않는
한 그 어떤 인연도 소중하고 귀하다. 나는 이 사실을 지천명을 넘기고서야
더욱 실감한다. 인연은 인생의 소중한 선물이며 이상이며 꿈이다. 시련을
겪어본 사람은 안다. 도움을 받아 희망을 찾은 사람들은 안다. 인연이란
'삶의 마시멜로'라는 것을.
진정으로 소중한 인연을 잃지 않으려면 먼저 양보하고 배려하라. 그러면
인연은 당신에게 희망의 빛이 되어줄 것이다.

_6

매순간 감사하고,
무조건 삶 앞에 감사하라

늘 부정적으로 생각하고 불평불만을 달고 사는 사람이 있었다. 그는 무슨 일이든지 긍정적으로 말하는 법이 없었다.

"해보나 마나 빤해. 안 하는 게 좋아."

"쳇, 지가 잘나서 그런가. 어떻게 하다 보니 그렇게 됐겠지?"

그는 하는 말마다 매사가 이런 식이었다. 그러니 뭐 하나 제대로 되는 게 없었다. 하는 일마다 실패였다. 그를 잘 아는 친구나 주변 사람이 조언을 하고 격려해도 도무지 받아들이는 법이 없었다. 한마디로 완전 안하무인이었다. 아내도 애들도 떠나가고, 친구들도 떠나가고, 모두가 그의 곁을 떠나갔다. 그는 외로워지기 시작했다. 그는 날마다 술에 취했다. 술에 취하지 않으면 도저히 견딜 수가 없었다.

어느 날 그는 술에 취해 어느 집 담벼락에 기대서 하늘을 바라보았다. 맑고 푸른 밤하늘엔 수많은 별들이 떠서 환하게 빛나고 있었다.

"참 아름다운 밤하늘이구나."

그의 입에서 뜻밖의 말이 흘러나왔다. 그는 밤하늘을 바라보면서도 하늘에 별이 떴는지, 달이 떴는지조차 모르고 지내던 사람이었다. 그랬던 그가 밤하늘을 보고 아름답다고 말했으니, 정말 놀라운 일이었다. 그때 한 가족이 그가 있는 곳을 향해 걸어오고 있었다.

"아빠, 감사합니다."

"그래. 유나가 좋아하니까 아빠도 너무 좋은데."

"엄마도 감사합니다."

"엄마까지? 왜?"

"엄마는 언제나 감사하니까요."

"유나가 그렇게 말해 줘서 엄마도 너무 고마워. 우리 유나도 다 컸네. 감사해할 줄도 알고."

그들이 멀리 사라지자 너무도 아름다운 가족이란 생각이 들었다. 지난날 자신이 가족들에게 했던 좋지 않았던 기억들이 떠올랐다. 바쁘다는 핑계로 두 아이와 놀아 주지도 못했고, 아내에게 다정하게 대해 주지도 못했던 그였다. 순간 그의 눈에서 눈물이 주르르 흘러내렸다.

"연지야, 민지야!"

그는 나지막한 목소리로 사랑하는 아이들의 이름을 불렀다. 초롱초롱 빛나던 아이들의 까만 눈망울이 너무도 보고 싶었다. 하지만 아이들은 어디에도 없었다.

"으, 은영아!"

그는 이번엔 아내의 이름을 불렀다. 너무도 착한 아내였다. 성질 더러운 자신 때문에 마음고생이 심했던 아내에게 너무 미안했다. 그는 아무도 없는 집으로 돌아오면서 생각했다.

'어린아이도 엄마와 아빠에게 감사하는 마음을 그리도 잘 표현하는데, 그동안 나는 감사하는 마음을 잊고 살았구나. 나는 아이만도 못한 한심한 존재였다니…….'

그의 후회는 밤새도록 이어졌다. 그는 쓸데없는 자존심과 부정적인 생각을 쓰레기통에 버리고 다시 시작하자고 결심했다.

다음 날 그는 친구를 찾아가 한 번만 도와 달라고 부탁했다. 그의 소식을 잘 알고 있던 친구는 너무도 달라진 그를 보며 연민의 정을 느꼈다. 그토록 독선적이고, 오만하고, 세상을 부정적으로 바라보던 친구가 먼저 손을 내밀었던 것이다. 친구는 그의 손을 잡고 말했다.

"내가 뭘 도와주면 되겠나?"

"장사 밑천 좀 대줘. 내가 반드시 갚을게."

"그래? 알았어. 내가 도와주지."

"고마워. 평생 감사하며 살게."

"고맙긴. 열심히 한번 살아 보게."

그는 친구의 도움으로 가게를 얻어 제2의 인생을 시작하였다. 그는 누구에게든 '감사합니다' 라고 말했다. 자신의 친절에 좋아하는 사람들을 보며 감사하는 마음으로 사는 게 얼마나 에너지 넘치고 행복한 일인지를 뼈에 사무치도록 느꼈다. 매사에 부정적이고 불만적인 태도로 일관하던 그가 작은 일에도 감사하는 마음을 갖자 삶이 완전히 바뀌고 말았다. 감사하는 마음은 그를 겸손하고 온유하게 변화시켰다.

나는 지금도 그를 보면 '사람이 저렇게도 달라지는구나' 하는 생각이 든다. 감사하게 산다는 것이 자신에게나, 가족에게나, 친구들에게나, 직장 동료들에게나, 주변 사람들에게 얼마나 긍정적인 에너지를 주고 기분을 좋게 하는지를 새삼 깨닫곤 한다.

또 하나의 이야기이다. 어떤 보험 설계사가 있다. 그녀는 아주 친절할 뿐만 아니라 사람을 기분 좋게 하는 재주가 뛰어나다. 그녀가 하는 말 한 마디마다 사람의 마음을 높이 뛰게 만든다. 그러다 보니 자연스럽게 실적이 좋을 수밖에 없다. 그녀는 지점 내에서 보험 판매 실적이 가장 높다.

그런 그녀도 처음 보험을 시작했을 땐 많은 문제점을 안고 있었다. 그녀는 보험을 하기 전에는 남에게 지는 것을 싫어했다. 배려는 물론 양보는 더더욱 하지 않았다. 한마디로 말해 콧대가 드센 여자였다.

그랬던 그녀가 남편 사업이 잘 안되자 보험 설계사가 되었다. 처음엔 실적이 별로 없었다. 생각만으로는 잘할 수 있을 것만 같았다. 그런데 생각대로 안 되자 속이 상해 울기도 많이 했다. 하지만 언제까지나 울고 있을 수만은 없어 원인이 뭘까 하고 곰곰이 생각해 보니, 말과 행동에 문제가 많았다. 영업의 기본은 친절, 좋은 이미지, 정감 어린 말투인데 자신이 너무 사무적이고 의도적이었다는 걸 알았다.

그녀는 좀 더 부드러워지고, 친절해지고, 감사하는 마음이 들도록 몸가짐과 마음가짐을 바르게 해야겠다고 결심을 하곤 피나게 노력했다. 그 결과 몸에 밴 습관이 되었고, 그녀의 감사하는 마음과 친절한 행동이 고객들에게 신뢰를 갖게 했던 것이다.

'고객은 나의 주인! 고객은 나의 벗! 고객은 또 다른 나!'

바로 그녀의 세일즈 금언이다. 그녀는 프로 근성으로 똘똘 뭉쳐 있는 프로 세일즈우먼이다.

내가 잘 아는 의사 S에게 들은 얘기다. 그가 근무하는 병원은 1,200병상이 넘는 굴지의 대형 병원이다. 그는 수많은 환자들을 보며 깨달은 게 있다고 했다. 몸이 건강할 땐 그야말로 자기 멋에 살던 사람들도 병이 들어 병원에 들어오면 한없이 겸손해진다는 것이다. 의사와 간호사의 작은 친절에도 무척이나 감사해하는 모습을 보면 어린아이처럼 순수해 보이기까지 하다고 했다.

"사람들은 자신이 약하다고 느끼면 한없이 작아지고 겸손해지지요. 삶에 대해 감사하고, 가족은 물론 주변 사람들을 더 잘 챙기려고 합니다. 표현이 좀 어쭙잖지만, 병이 사람을 착하게 만들고 인간답게 만드는 거죠. 한 가지 분명한 사실은 감사를 잘하는 사람이 회복도 빠르고 완치율도 높다는 겁니다."

나는 감사를 잘하는 사람이 왜 회복도 빠르고 완치율도 높은지를 의학적으로 설명해 달라고 했다.

"인간은 기분이 좋거나 기쁜 일이 생기면 뇌에서 도파민이 분비됩니다. 도파민이란 인간이 행복감을 느끼거나 기분이 좋을 때 신경에 전달되는 화학 물질이지요. 복합적인 사고를 하고 해결책을 찾아내는 데 중요한 역할을 합니다. 도파민이 분비되면 아픔도 잊을 수 있고, 긍정적인 마음을 갖게 되지요. 감사하는 마음은 매사를 긍정적으로 보게 하고 기분 좋게 만들기 때문에 도파민 분비에 아주 효과적이거든요."

나는 그의 의학적인 설명을 듣고 감사하는 마음은 인간에게 가장 필요한 삶의 조건이라는 걸 알 수 있었다.

"나는 34년 동안 감사 일기를 써 왔다. 단 하루도 거르지 않았다. 찾아보면 감사한 일이 너무나도 많이 있다."

뛰어난 치료사이자 철학자인 존 디마티니 박사의 말이다. 그는 어린 시절에 쓰기와 읽기는 물론 의사소통도 어렵다는 학습 장애

판정을 받았다. 그는 고등학교를 그만두고 거리 생활을 했다. 그러던 중 열일곱 살에 폴 브래그라는 사람을 만나 "너는 천재다. 너의 지혜를 활용하라"는 말을 듣고 변화해야겠다는 결심을 하였다. 마음이 바뀌자 무엇이든 할 수 있다는 자신감이 들었다.

그 후 그는 척추 지압요법사가 되었고, 다양한 학문을 연구해 인간을 근본적으로 바꿀 수 있는 자기 계발 방법을 개발하였다. 그것이 매사를 감사하게 받아들이는 '감사의 효과'이다.

학습 부진아로 판정을 받은 그가 획기적으로 변화할 수 있었던 것은 삶에 대한 감사였다. 매사를 감사하게 생각하자 그에게 새로운 에너지가 솟아났다. 무엇이든 할 수 있다는 에너지였다. 결국 그의 인생은 그가 원하는 대로 이루어졌다.

가만히 생각해 보면 그의 말대로 감사하지 않은 것이 하나도 없다. 다만 우리가 그것을 잊고 살 뿐이다.

"우리는 행복을 좇고 있지만, 행복이 어디서 시작되는지 모른다. 어떤 사람들은 '감사합니다'라는 말을 자주 할수록 행복해진다고 주장한다. 위대한 성공도 이 사소한 습관에서 비롯된다고 말한다."

미국의 대표적인 심층 뉴스 프로그램인 〈인사이드 에디션〉의 진행자로 유명한 데보라 노빌이 한 말이다. 나 역시 존 디마티니 박사와 노빌의 말에 전적으로 공감한다.

감사한 마음을 갖고 사는 것은 참으로 아름다운 일이다. 감사한 마음속엔 사랑이 있고, 화평한 마음이 있다. 감사한 마음으로 사는 사람들을 보면 얼굴은 온화하고, 몸가짐은 겸손하고 온유하다. 감사를 모르고 사는 사람들을 보면 얼굴은 늘 부어 있고, 입은 불만으로 가득하고, 몸가짐은 드세고, 어딘지 모르게 거칠다.

감사한 마음을 갖고 살면 여유로운 마음을 갖게 된다. 감사를 모르고 살면 초조하고 불안한 마음이 든다. 감사한 마음을 갖고 살면 행복한 일이 많이 생긴다. 감사한 마음은 긍정적인 마음을 주고, 불가능한 것도 가능하게 만드는 힘을 준다.

감사한 마음은 사랑의 마음이다. 사랑이 많은 사람은 감사하며 사는 일이 많은 사람이다. 삶은 그 자체만으로도 이미 기적이며, 우리는 날마다 기적을 이루며 살고 있다. 감사하라, 무조건 삶에 감사하라.

50대가 되기 전에 이것만은 꼭!

작은 일에 감사하는 마음을 가져라. 그래야 보다 행복하고 즐겁게 살 수 있다. 대개의 사람들은 작은 일엔 무관심하다. 그것은 보다 행복하게 살아갈 수 있는 기회를 놓치는 것이다. 《감사의 힘》 저자인 데보라 노빌은 말한다.
"감사도 학습이다."
감사하는 마음으로 사람들을 대하고 사물을 바라보면 습관이 든다. 의도적으로라도 "감사합니다"라고 말하라. 반드시 매 순간 감사하게 될 것이고, 행복과 기쁨이 넘치는 삶이 될 것이다.

CHAPTER ③

혼자라고 느낄 때
더 많이 사랑하라

자제할 수 있다는 것은 자신을 컨트롤할 수 있다는 것이다.

자신의 가슴속에 깃들어 있는 욕망을 스스로 제어한다는 것이다.

욕망이 이끄는 대로 끌려가지 않고 자신의 행동을 확고히 지배하는 주인이 되는 것이다.

1

더 많이 사랑하고,
더 많이 행복하라

어느 부부가 있었다. 남편은 군인이었고, 아내는 만성 신부전증을 앓고 있었다. 신장 이식 수술을 해야 할 정도로 상태가 심각했다. 아내는 혈액 투석을 주기적으로 해야 하는데, 그 고통이 실로 엄청 났다. 혈액 투석의 고통으로부터 벗어나는 유일한 길은 신장을 기증받아 수술을 하는 방법뿐이었다.

조직이 잘 맞는 신장을 찾기란 쉽지 않다. 설령 있다고 해도 기증받는 것은 매우 어려운 일이다. 조직이 잘 맞을 확률은 역시 부모와 형제일 경우에 높다. 그런데 그게 마땅치 않았다. 그러자 확률이 5%밖에 안 되는 남편이 조직 검사를 받겠다고 나섰다. 놀랍게도 남편의 신장 조직이 잘 맞는다는 결과가 나왔다. 남편은 신장 기증으로 인해 더 이상 군 생활을 할 수 없을지도 모르는 상황에서 아내에게 신장을 기증해 주었다.

111

지성이면 감천이라는 말처럼 남편의 정성이 하늘에 닿은 것일까. 아내의 수술은 성공적이었다. 수술 후 아내는 많이 호전되었다. 남편의 정성이 참으로 놀라운 결과를 가져온 것이다.

남편은 군 생활을 하느냐, 못 하느냐를 놓고 심사를 받아야 했다. 감사하게도 군 생활을 계속해도 좋다는 판정이 내려졌다. 아내를 살린 그의 숭고한 정신이 심사위원들에게 감동을 주었고, 수술 후 그는 하프 마라톤을 완주할 정도로 몸이 건강해졌다.

사랑하는 아내에게 자신의 한쪽 신장을 기증한 남편의 희생적인 사랑 이야기를 보면서 큰 감동을 받았다.

"행복한 가정은 상호간에 사소한 희생이 없이는 절대로 영위되지 못한다."

소설 《좁은 문》으로 유명한 앙드레 지드의 말이다. '행복한 가정'을 이루기 위해서는 남편과 아내가 반드시 상호간에 양보하고 배려하고, 더 나아가서는 희생까지도 감수해야 함을 의미한다. 행복한 가정이 되기 위한 보다 구체적인 방법에 대한 이야기이다. 행복한 가정이 되기 위해서는 남편은 남편으로서의 마인드를 갖춰야 하고, 아내는 아내로서의 마인드를 갖춰야 한다.

먼저 남편이 갖춰야 할 마인드이다. 요즘 아내들은 합리적이고 부드러운 남편, 친구 같은 남편을 원한다. 연애할 때 하늘의 별도 따다 주려 했던 따뜻한 남편을 간절히 원한다. 합리적이고 부드러운 남편에겐 몇 가지 특징이 있다.

첫째, 아내와 대립되는 문제에 있어 자기주장을 밀어붙이지 않는다. 설령 아내의 말에 열받고 콧김 팍팍 새는 대목이 있어도 자신의 감정을 조절하며 일단 끝까지 듣는다. 다 듣고 나서 자신의 의견을 설득력 있게 펼쳐 나간다. 아내에게 큰 거부감을 불러일으키지 않는 센스를 가지고 있는 것이다.

둘째, 아내와 대립되는 부분에서 양보를 잘한다. 자신의 생각을 거둬들이고 아내의 말에 따르는 너그러움을 보인다.

셋째, 무엇이든 아내를 먼저 생각한다. 모든 일에 있어 아내에게 선택권을 먼저 부여하는 센스를 보인다. 합리적이고 부드러운 남편은 매사를 자신보다는 아내를 우선시하는 센스를 지니고 있어 아내에게 거부감을 주지 않고 사랑받는다.

현대사회는 아내의 역할이 그 어느 때보다도 다양하고 중요해졌다. 과거엔 남편에게 순종하고 아이 잘 키우면 일등 아내라고 했으나, 지금의 아내들은 그것만으로는 만족하지 못한다. 자신만의 삶을 매우 중요하게 여긴다. 자아의 실현을 무척이나 갈구하고 소중하게 여긴다. 자신이 남보다 뒤쳐진다거나 하고 싶은 일을 못할 땐 스트레스에 쌓여 갈등하고, 현실에서 벗어나고 싶은 욕망에 사로잡힌다.

벽창호 같은 남편들은 아내들을 잘 모른다. 그냥 집에서 살림이나 잘하고, 애나 잘 키우라고 말한다. 그 말을 듣는 아내의 기분은 아주 좋지 않다. 몇 날 며칠을 이를 갈고 독기를 품는다. 그것이 자꾸 쌓이다 보면 종내는 차디찬 이별의 아침을 맞게 된다.

요즘 아내는 자기표현이 강하고 주관이 뚜렷하다. 개성도 강하다. 이런 아내들에게 무조건 참으라고 하는 말은 죽으라는 말보다 심한 모멸감을 주게 됨을 잊지 말라. 아내가 자신만의 시간을 요구하거나 자아실현을 원한다면 밀어 주고 도와줘라. 자기 아내 기분 살려 줘서 손해 볼 게 뭐 있겠는가. 아내 기분이 좋으면 그 에너지가 춤을 추듯 사뿐사뿐 당신에게로 올 것이다. 아내의 기분을 팍팍 세워 주는 남편이 되라.

다음은 아내로서 갖춰야 할 마인드이다. 요즘 남편들은 사랑하고 싶은 아내를 원한다. 애인 같은 아내를 원하고, 남편 기를 팍팍 살려 주는 아내를 원한다. 사랑하고 싶게 만드는 아내는 보고 있는 것만으로도 기분이 맑은 봄날같이 쌈박해진다. 그런 아내는 남편을 사로잡는 매력이 철철 넘친다. 상냥하고 따뜻한 마음을 가졌고, 애교가 강물처럼 넘치고, 사랑의 표현이 뛰어나고, 칭찬에 매우 익숙하다. 같은 말도 듣기 좋게 하며, 늘 새롭게 변화하는 모습을 보여 주려 노력한다.

한 가지 오해가 없기를 바란다. 애교스럽고 사랑의 표현이 좋은 것은 얼굴 생김새나 몸매와는 전혀 비례하지 않는다. 연애할 땐 얼굴이나 몸매가 높은 점수를 받지만 결혼은 다르다. 결혼은 오래가야 한다. 흔히 하는 말로 얼굴만 보고 사는 것이 아니라는 말이다. 결혼 생활이 오래가려면 얼굴이 예쁘지 않아도 남편에게 호감을 주는 아내가 제격이다.

얼굴이 예쁘지는 않아도 호감을 갖게 하는 타입의 아내란 분위기를 잘 타고, 신선한 매력을 풍기며, 새로운 모습을 보여 주려 늘 노력하는 아내이다. 이렇듯 생동감 넘치는 아내가 남편의 마음을 사로잡는다.

말 한마디에 천 냥 빚을 갚는다는 말이 있다. 한마디의 말을 얕보지 마라. 한마디의 말에 삶이 일어났다, 주저앉았다 한다. 좋은 말은 부부 사이에 아주 중요하다. 좋은 말 속엔 사람을 기분 좋게 하는 묘한 마력이 있다. 남편을 성공적으로 이끌려면 아내가 끊임없이 남편에게 에너지를 쏟아부어야 한다. 좋은 말처럼 훌륭한 에너지는 없다.

"여보, 당신이 있어 우리가 행복한 거 알지? 당신은 우리의 희망이야."

이런 말을 아내에게 들으면 남편은 쇠방망이를 갈아 바늘로 만드는 열정을 보일 것이다.

좋은 말을 하는 데는 돈이 들지 않는다. 남편에게 희망의 마시멜로인 '좋은 말'을 아낌없이 주라. 남편에게 가장 필요한 사람은 아버지도 아니고, 어머니도 아니고, 형제도 아니고, 아들딸도 아니다. 그는 바로 아내라는 이름의 여자다.

인생은 사랑만 하고 살기에도 턱없이 짧다. 통계에 의하면 인생의 삼분의 일은 잠을 자고, 삼분의 일은 일을 한다. 나머지 삼분의 일로 사랑하고, 취미 생활하고, 운동하는 등 잡다한 일을 한다. 그렇게 본다면 사랑하는 시간이 너무 적다는 생각이 든다. 싸우고, 미워하고, 울고, 짜증까지 부린다면 사랑하는 시간은 더더욱 짧아질 것이다.

언젠가 60대, 70대들에게 가장 후회되는 것이 무어냐고 물었다. 배우자와 더 많이 시간을 보내지 못하고, 놀러 가지 못하고, 사랑한다는 말을 하지 못하고, 열정적으로 사랑하지 못한 것이라고 했다. 후회하지 않으려면 남편은 아내를, 아내는 남편을 더 많이 위해 주고, 더 많이 아껴 주는 사랑을 해야 한다.

"남편이 아내를, 아내가 남편을 확보하지 않고서는 행복한 가정을 이룰 수 없다. 가정에서 느끼는 즐거움은 두 사람의 정신과 성격이 발달해 감에 따라 점점 더 즐거워진다. 서로가 그 정신을 높이고 성격을 원숙하게 해나가는 것이 가정의 행복을 증진하는 방법이다. 어떠한 부부도 처음부터 완전히 행복한 자리에 앉을 수 없다."

로렌스 굴드가 한 말이다. 그의 말처럼 행복한 가정은 남편과 아내가 노력함으로써 보다 즐거워지고, 행복이 증진된다.

남편들이여, 아내를 존중하고 높여 주어라. 스킨십도 자주 하고, 사랑한다는 말도 자주 하라. 함께 둘만의 시간을 보내라. 맛있는 것은 아내에게 주고, 멋진 시를 읽어 주어라. 친정에 대해 좋은 말만 하고, 늘 고맙다고 말해 주어라.

아내들이여, 남편에게 슈퍼맨이 되라고 요구하지 마라. 슈퍼맨이 되면 모든 행복이 내게 올 것 같지만, 기대 심리를 저버리는 경우도 있음을 기억하라. 남편의 기를 살려 주고, 남의 남편과 비교하지 말고, 까칠하게 굴지 말고, 상냥하게 말하고, 달콤한 키스를 하고, 부드러운 말로 사랑한다고 말하라. 요즘 남편들 중엔 아내들이 무섭다고 말하는 사람들이 많다고 한다. 남편을 끌어 주고 밀어 주는 아내가 되라. 남편이 무너지면 아내인 당신도 쓰러진다.

남편들이여, 아내들이여, 사랑할 시간만으로도 인생은 너무 짧다. 더 많이 사랑하고, 더 많이 행복하라.

 50대가 되기 전에 이것만은 꼭!

"사람은 누구나 혼자서 행복한 생활을 유지할 수 없다. 아무리 불안에 처해 있을지라도 마음의 평온과 안정을 찾을 수 있기 때문에 사랑을 한다." 괴테의 말이다.
혼자 지내본 사람은 안다, 그 절대적인 고독을. 그래서 인간은 사랑을 한다. 서로의 부족함을 채워 가면서 외로움을 잊고 행복을 추구하는 것이다. 참된 행복을 원한다면 서로 배려하고, 아끼고, 위해 주고, 용서하고, 화해하라. 미칠 듯이 더 많이 사랑하고, 부족함 없이 행복하라.

_2
보증은 절대 서지도 말고,
부탁도 마라

　　사람이 살아가면서 정말 하기 어려운 부탁도, 거절하기 어려워도 거절해야만 하는 부탁도 바로 보증이다. 보증은 가족 간에, 친구 간에, 지인 간에 한 번은 거치는 통과의례와도 같다. 하지만 인간관계 때문에 안 서기도 찝찝하고, 서고 나면 기간 만료 시까지 초조하게 만드는 것이 보증이다.

　　과거에는 보증 서주는 것을 미덕으로 알았다. 남의 입장을 생각하는 마음을 인정 많은 행위로 여겼다. 그러한 사회 풍토에서 보증을 서주지 않으면 인정머리 없는 사람으로 낙인이 찍혀 오나가나 손가락질을 받곤 했다. 물론 남의 어려운 입장을 고려해서 보증을 서주는 행위는 분명 아름다운 일임에는 틀림없다. 문제는 보증을 섰다가 잘 안되면 서로가 낭패라는 점이다. 보증 서준 사람은 손해를 감수해야 하는 고통이 따르고, 보증을 부탁한 사람은 상대방 대하기가 껄끄럽고 미안하다. 좋은 관계가 서먹서먹해지고, 심지어는 원수지간처럼 변해 버린다.

지금은 보증보험 회사가 있다. 부적격 사유가 없으면 수수료를 지불하고 부담 없이 이용한다지만, 그래도 아직까진 보증을 서는 경우가 많다. 결론적으로 말한다면 보증은 서 달라고 하지도 말고, 서주지도 말라는 것이다. 이렇게 얘기하면 인심 한번 더럽게 야박하다고 말하는 사람들도 있을 것이다. 야박하다고 해도 어쩔 수 없다. 차라리 야박하다는 소리를 듣는 것이 잘못되어 평생 원수처럼 지내는 것보다야 백번 낫다.

나는 지금껏 살아오는 동안 보증 서주고 받고 하는 사람들이 잘되는 상황보다는 잘되지 않는 상황을 더 많이 보아 왔다. 비단 나만의 경험이 아니리라. 이런 경험이 있는 사람들은 말 한번 참 잘했다고 박수를 칠지도 모른다. 더군다나 나이 들어 보증 섰다가 잘못되면 회복할 기력이 없다. 물론 재산을 쌓아 놓고 산다면 별 문제겠지만.

D는 공무원으로 25년을 근무해 오고 있었다. 직급도 군청 과장으로 안정적인 위치였다. 가정적으로도 평안하고 행복한 나날이었다. 그러던 어느 날 둘도 없는 친구가 사업을 확장해야 해서 필요하니 대출 보증을 서 달라고 부탁을 했다.

D는 뜻밖의 부탁에 난처했지만, 친구가 워낙 정확한 성격이라

아내에게 상의조차 안 하고 공무원 신분으로 보증을 서주었다. 아내에게 얘기하면 반대할 게 뻔했다. D는 아내에게 죄를 지은 것 같아 미안했지만, 이미 일은 벌어지고 말았다. D는 친구가 무탈하게 잘 해결하리라 믿고 지냈다.

그러다 문제가 터지고 말았다. 10개월이 지난 어느 날 법원에서 등기가 날아왔다. 압류 통지서였다. 아내는 남편의 처사에 심히 분노를 느끼고 각방을 쓰며 남편의 접근을 막았다. D는 급히 아파트를 담보로 하여 대출을 받고, 알뜰히 모은 적금을 깨서 친구의 빚을 갚아 위기를 넘겼다.

"미안하다. 정말 너 볼 면목이 없다."

친구는 미안하단 말만 할 뿐 별다른 뾰족한 수가 없었다.

"일부러 그런 것도 아닌데, 뭐. 어쨌든 위기를 넘겼으니 다시 잘해 봐."

D는 딱히 할 말이 없어 이렇게 말하고 말았다.

"고맙다. 반드시 재기해서 신세 꼭 갚을게."

"그래, 제발 그래다오."

말은 그래도 D의 속은 쓰리고 아팠다. 공무원 신분에 7천만 원이나 되는 생돈을 물어 줬으니 난감하기만 했다. 더구나 대학에 다니는 아들과 내년에 대학에 들어갈 딸 생각을 하니 죽고 싶은 심정이었다.

친구와 헤어져 집으로 온 D는 아내에게도 자식들에게도 완전

죄인이 된 기분이었다. 집안 분위기는 먹구름이 낀 하늘처럼 우중충했고, 웃음은 자취를 감추고 말았다. 그 후 2년이 넘도록 아내와 남 아닌 남처럼 지내야만 했다. 2년이 지나고 나서야 아내는 막힌 마음을 서서히 풀었다. 그만큼 아내의 고통이 컸던 것이다.

재기를 기대했던 친구는 어디론가 떠나 버렸고, 돈을 받을 길은 영영 사라지고 말았다. 6년이 지난 지금도 D는 빚 갚느라 마음 놓고 쓴 소주 한잔 마시지 못한다. 그는 말한다. 보증이란 글자만 봐도 치가 떨리고 환멸을 느낀다고. 세상없어도 보증은 절대 서주지 말라고.

형제간에 있었던 일이다. 형이 조그만 사업을 하다 자금이 필요해 동생에게 보증을 부탁했다. 동생은 형 부탁을 들어주지 않을 수 없어 아내에게 말했다.

"형이 보증을 서 달라고 하는데, 어떻게 해?"

"보증은 절대 안 돼."

아내는 일언지하에 딱 잘라 거절했다.

"형인데 어떻게 그래? 당신, 너무 야박한 거 아냐?"

동생은 아내에게 핏대를 올리며 말했다.

"야박하다고 해도 어쩔 수 없어. 부모 형제라도 보증은 서지도 부탁하지도 않는 거래."

"서주기 싫으니 별말을 다 한다."

"당신, 내 말 잘 새겨들어. 만일 나 모르게 아주버니 보증 서 드렸다간 난리 날 줄 알아. 차라리 적금 깨서 드려."

"적금 깨면 얼마나 되는데?"

"한 6백만 원 될 거야."

"그래? 알았어. 형한테 말해 볼게."

동생은 다음 날 형에게 적금 이야기를 했다. 형은 푼돈 갖고 해결할 문제가 아니라며, 너무 쫀쫀하게 군다고 면박을 주었다. 결국 동생은 아내 모르게 아파트를 담보로 보증을 서주었다.

세상에 비밀은 없는 법. 우연히 시어머니를 통해 아내가 이 사실을 알게 되었다. 심한 배신감을 느낀 아내는 3개월이 넘도록 말없이 지냈다. 설상가상으로 형의 사업이 잘못되는 바람에 1억이나 되는 빚을 떠안게 되었다. 아내는 분노를 더 이상 참지 못하고 이혼을 요구하였다. 8개월을 버티던 그는 아내의 요구를 받아들여 이혼 서류에 도장을 찍고 말았다. 행복하게 잘 살아가던 부부가 형제간에 잘못된 보증으로 쓸쓸한 이별을 하고 말았던 것이다.

D의 경우나, 형 보증을 서주었던 동생의 경우도 인정에 사로잡혀 서준 보증으로 지옥과 같은 시련을 겪어야만 했다. 보증은 자신에게도, 보증을 서준 상대방에게도 불행을 초래할 수 있다. 물론 보증을 서서 잘되는 경우도 있다. 그러나 수치상으로 볼 때 문제가 생기는 경우보다는 훨씬 적은 확률이다.

어떻게 본다면 보증은 필요악이라고 할 수 있다. 설사 필요악이라 하더라도 보증은 서지도, 부탁도 말아야 한다. 보증을 안 서면 한 사람은 잘못될 수 있지만, 다른 한 사람은 잘못될 이유가 없다. 보증을 서서 잘못되면 둘 다 잘못된다는 게 문제다. 사람은 거절할 땐 거절할 줄 알아야 한다. 인정에 이끌려, 체면 때문에, 의리 때문에 거절하지 못하면 패가망신하는 결과를 초래할 수 있다는 사실을 명심하라.

특히 40대 남자들은 더욱 각별히 가슴에 새겨야 한다. 40대는 직장에서나 사회적으로나 안정적인 위치에 있는 나이다. 어느 정도 자리를 잡았다는 말이다. 그러다 보니 보증을 서 달라는 부탁을 많이 듣는 세대이기도 하다. 40대는 보증에 더욱 민감할 수밖에 없다. 40대는 인생의 한가운데에 있는 시기다. 이 시기에 무너지면 다시 일어서기가 너무나도 힘들다는 것을 알아야 한다.

50대가 되기 전에 이것만은 꼭!

보증 서주고 잘못된 경우를 너무도 많이 보았다. 문제가 없으면 참 감사하고 고마운 일이다. 정말 서로를 위한다면 보증은 서주지도, 부탁도 말아야 한다. 인정은 인정이고 현실은 현실이다. 현실을 부정하는 사람들이 보증의 함정에 빠지기 쉽다. 둘 다 망하느냐, 아니면 한 사람은 사느냐는 본인이 선택할 문제다. 경험은 가장 위대한 스승이다. 당신에게 이런 경우가 주어진다면 현명한 선택을 하라.

_3
나쁜 말은 한 번 더 생각해 보고,
좋은 말은 즉시 하라

사람 사이에서 말의 역할은 매우 중요하다. 자신의 생각을 상대방에게 전달하는 수단을 넘어 능력을 펼쳐 보이는 중요한 수단이 되고 있다. 말하자면 말은 무형의 자산인 것이다. 좋은 말은 상대방을 붕붕 띄워 주고, 좋은 이미지를 주어 상대방에게 자신을 깊이 인식시킨다. 하지만 나쁜 말은 상대방의 기분을 잡치게 하고, 싸가지 없는 이미지를 심어 주어 상대방으로 하여금 이를 갈게 만든다. 사람을 기분 좋게 하는 말은 보약을 복용한 것보다도 사람의 몸과 마음을 건강하게 한다.

"자기 최고! 역시 내 자기야!"

아내 혹은 남편에게 이처럼 기분 좋은 말을 듣는 순간, 엔도르핀이 샘물처럼 솟아나며 마음을 한껏 고조시킨다.

"김 대리, 역시 자넨 우리 지점 베스트맨이야!"

좋은 말을 들으면 부하 직원은 상사를 마음으로부터 존경하게 된다. 기분 좋은 말을 들으면 자신감이 생겨 불가능한 일에도 도전하게 만든다. 기분 좋은 말은 하는 사람도 기분 좋게 해주고, 듣는 사람도 기분 좋게 해준다. 기분 좋은 말을 하는 데는 돈이 들지 않는다. 말을 하는 사람이 기분 좋은 마음을 갖고 기분 좋게 하면 된다.

혹자는 어떻게 기분 좋은 말만 할 수 있느냐고 반문할 것이다. 그렇다. 항상 기분 좋은 말을 할 수 있는 것은 아니다. 기분 좋은 말을 하도록 노력해 보라. 무엇이든 처음엔 힘이 들기 마련이다. 그렇다고 시도도 하지 않으면 어떤 것도 할 수 없다. 자신이 진정 남편에게 용기를 주고 힘을 북돋워 주려는 마음이 있다면 지금부터라도 당장 시도해 보라.

"우리 남편 가만히 보니 되게 잘생겼네."

이 말에 기분 좋아하지 않을 대한민국 남편은 어디에도 없을 것이다.

"역시 부장님이십니다. 부장님, 최고!"

"좋아. 오늘 점심은 내가 쏘지."

부하 직원의 기분 좋은 말에 부장은 점심을 쏠 것이다.

B는 43살의 자동차 영업사원이다. 영업직이란 게 실적이 좋으면 기분을 붕붕 뜨게 만들고, 실적이 나쁘면 기분을 한없이 개떡으로 만든다. B는 준수한 외모에 사교성 있는 친절함은 물론 사람을 사로잡는 언변으로 고객들에게 인기가 많다. 그에게 차를 산 고객은

그의 친절함과 부지런함을 좋게 여기고 주변 사람들을 소개했다.

B의 영업 전략은 한 사람의 고객이 또 다른 고객을 창출한다는 것이다. 즉 한 사람의 고객을 잘 관리해서 또 한 사람의 고객을 만든다. 영업에 있어 교과서적인 룰이지만 꾸준히 실천하는 사람은 드물다. B는 교과서적인 룰을 잘 활용하였다. 그 결과 많은 실적을 올렸고, 과장도 동료 중 제일 먼저 되었다.

그런 B가 집으로 돌아가면 영 딴 남자가 되고 만다. 밖에서의 친절함과 사교성은 어디론가 흔적 없이 사라져 버리고, 까칠하고 잔소리만 해대는 성격 더러운 B만 남는다. 사람은 양면성을 가진 동물이다. 확연히 드러나는 사람과 그렇지 않은 사람은 정도의 차이가 있을 뿐이다. B는 아내를 마치 자신의 부속물쯤으로 여긴다.

"야, 물 좀 줘!"

"야, 양말 어디 있어?"

"야, 국이 왜 이렇게 짜! 넌 대체 정신을 어디다 두고 있는 거야?"

누가 들으면 아버지가 철딱서니 없는 딸아이한테 말하듯 한다. 이쯤 되면 성격 좋고 털털한 아내의 눈초리는 여우 눈처럼 위로 치켜 올라가고, 연이어 마구 쏘아붙이기 시작한다.

"야가 뭐야, 야가? 내가 당신 동생이야, 아님 자식이야?"

"야, 그게 뭐 어때서? 남들도 다 그러더라."

"남은 남이고 나는 나야. 야라니?"

"별것도 아닌 거 갖고 자꾸 그럴 거야!"

화낼 사람은 아낸데 B가 버럭 소리를 질러 댔다.

"별것도 아닌 거? 야! 너 말 다했어?"

왕창 열받아 꼭지가 돈 그의 아내 역시 남편을 "야!"라고 부르며 완전히 코너로 꼼짝달싹도 못하게 몰아세웠다. 아내가 대차게 나오자 B는 얼굴이 파랗게 질려서 더듬대며 말했다.

"너, 너 진짜 왜 그래?"

"왜? 내가 너한테 야라고 하니까 억울하나?"

"여태까지 안 하던 짓을 왜 해?"

"네가 하게 만들잖아? 너는 나한테 말끝마다 야, 야 하면서 내가 너한테 야라고 하면 왜 안 되는데?"

"그래도 그렇지. 어떻게 나한테 야라고 할 수 있나?"

"겨울바람 봉창 두드리는 소리 하고 있네. 앞으로는 나한테 하는 대로 똑같이 할 거야. 알겠어?"

"……"

아내가 끝까지 대차게 나오자 B는 더 이상 아무 말도 못하고 잔뜩 얼어붙고 말았다.

B의 이중적인 태도는 크게 잘못된 것이다. 일로 만나는 사람도 중요하지만, 평생을 함께하는 아내가 더욱 소중하다는 점을 간과했다. B와 같은 태도를 보이는 남편이 의외로 많다는 데 놀라지 않을 수 없다. 특히 40대 이상에서 심하다. 하루빨리 시정되어야 한다.

명심하라. 아내를 우습게 대하는 남편은 거지같은 대접을 받고,

왕비처럼 대하는 남편은 황제 같은 대우를 받게 된다.

R은 센스 9단에 애교도 9단이다. 그녀는 늘 입가에 미소를 달고 주변 사람들을 대한다. 그녀를 보면 공연히 기분이 좋아진다. 기분이 가라앉았던 사람도 그녀와 이야기를 나누다 보면 한껏 기분이 업 된다.

하루는 남편이 많이 지쳐 보였다. 그녀의 남편은 자신의 마음을 드러내지 않으려고 했지만, 눈치 빠른 그녀의 레이더망을 비켜 갈 수는 없었다. 다음 날 그녀는 퇴근 시간에 맞춰 남편이 좋아하는 아귀찜을 맛있게 만들어 놓고 기다렸다. 남편이 퇴근하고 오자 그녀는 상냥하게 웃으며 남편을 식탁으로 이끌었다.

"자기야, 자기가 좋아하는 아귀찜 했어. 술 한잔할 거야?"

"그래? 좋지."

그녀의 말에 남편은 엷은 미소를 지으며 말했다.

"자기 요즘 외로워 보여. 내가 뭘 잘못한 거 아냐?"

"아냐. 자기가 잘못한 거 없어."

"자기야, 우린 부부야. 힘든 일 있으면 언제든지 말해. 난 언제나 자기를 믿어."

R은 남편의 손을 꼭 잡고 말했다. 그녀의 눈엔 진심이 가득 담겨 있었다. 남편은 아내의 말에 잠시 뭔가를 생각하더니 넌지시 말했다.

"나 직장 그만두고 사업을 한번 해볼까?"

"왜 그런 생각을 했어?"

"그랬으면 좋을 것 같아서."

"자신 있어? 그게 자기 뜻이라면 난 좋아. 난 자기가 경솔한 사람이 아니라는 걸 믿어. 다만 무슨 일이 있었는지 모르지만, 감정에 치우쳐서 한 결정이라면 다시 한 번 재고해 줬으면 좋겠어."

그녀는 아주 너그러운 마음으로, 그러나 침착하고 냉철하게 말했다. 아내의 말을 들은 남편은 순간 자신이 세상에서 가장 행복한 사람이라는 생각이 들었다. 다른 여자들 같으면 펄쩍 뛸 텐데, 그녀는 자기 뜻에 따른다고 했던 것이다.

사실 그녀의 남편은 동기 중 유일하게 승진에서 탈락했다. 그녀의 남편은 아내를 위해서도 열심히 노력해 다음번엔 꼭 승진하리라 굳게 다짐했다. 사업은 없던 일로 하고 열심히 일에 몰두하였다. 그 결과 남편은 다음 인사에서 차장으로 승진하였다. 남편을 배려하는 마음과 자신감을 심어준 고운 마음이 승진에서 탈락한 남편에게 믿음과 용기를 주었던 것이다.

나쁜 말은 한 번 더 생각해 보고 하되, 될 수 있으면 안 하는 것이 좋다. 꼭 해야 할 말이라면 분위기를 해치지 않게 상대방을 배려하는 마음으로 해야 한다.

"영국 수상을 지낸 글래드스톤은 가정에서 절대로 나쁜 말을 하지 않았다. 그가 아침 식사를 하러 나갔을 때 가족들이 잠자고 있어도 자기의 화를 조종할 수 있었다."

탁월한 자기 계발 전문가인 데일 카네기의 말이다. 카네기의 말에서 보듯 글래드스톤은 나쁜 말을 하거나 화를 내는 것이 백해무익하다는 사실을 잘 아는 사람이다.

나 역시 이런 경험을 숱하게 경험하며 지금껏 지내 왔다. 사회 활동과 직장 생활을 하며 가정에서, 친구와의 사이에서, 활동하고 있는 문학 단체에서 나 자신이 나쁜 말의 피해자가 되어 분노한 적이 많다. 또한 나로 인해 상대방이 분노한 적도 많다.

나쁜 말은 나쁜 에너지를 쏟게 만드는 백해무익한 언어의 쓰레기이다. 사회적으로나 직장에서나 가정에서나 40대는 가장 역할이 중요한 시기이다. 이 시기에는 문제도 많이 일어난다. 세 치 혀의 농간에 휘둘리는 일이 없도록 만사 불여튼튼이어야 한다. 동서고금을 막론하고 역사상 모든 분란은 항상 거친 말과 나쁜 말에서 비롯되었음을 기억하고 또 기억하라.

50대가 되기 전에 이것만은 꼭!

용기를 주는 말, 꿈을 주는 말, 칭찬을 하는 말 등 기분 좋게 해주는 말은 생산적이고 창조적인 말이다. 용기를 꺾어 버리는 말, 쓸데없이 비평하는 말, 기분을 가라앉게 하는 말, 분노를 일으키는 말은 비생산적이고 비창조적인 언어의 쓰레기들이다.

어떤 한마디의 말은 지구를 단 한 번에 날려 버릴 만큼 강하다. 기분을 좋게 하는 말은 즉시 하되, 기분 나쁜 말은 곰곰이 생각해 보고 하라. 좋은 말은 긍정의 에너지를 주는 행복의 배터리이다.

휴식은 라이프 골드 타임이다
쉴 때는 다른 생각을 금하라

　휴식은 노는 것이 아니라 삶을 재충전하는 '라이프 골드 타임'이다. 그만큼 현대사회에서의 휴식은 중요하다. 이처럼 중요한 '라이프 골드 타임'을 잘못 인식하는 사람들이 많다. 휴식은 시간을 소비하는 것이 아니라 시간을 비축하는 것이다. 생산적이고 창조적인 마인드를 축적하는 시간이라는 의미다.

　요즘 젊은이들 중엔 휴식을 잘 보내는 사람들이 있다. 그들은 자신을 누구보다도 소중하게 여긴다. 자신의 가치를 스스로 높이려고 한다. 자신을 회사가 필요로 하는, 또는 사회가 필요로 하는 브랜드로 만들려는 것이다. 그 짧은 시간에도 운동을 하고, 책을 읽고, 영어를 배우며 알차게 시간을 쓴다.

　40대 이상 세대들만 하더라도 진정한 휴식의 의미를 잘 모른다. 그저 먹고, 취하도록 마시고, 고스톱 치고, 카드놀이 하는 게 고작이다.

휴식 문화에 대해 잘 모르기 때문이다. 물론 다 그렇다는 말은 아니다. 40대들 중에서도 자신을 끊임없이 계발하는 이들이 있으니까 말이다.

K는 대기업 부장이다. 그는 40대 초반인데도 자기 계발에 매우 적극적이다. 그에겐 임원이 되겠다는 꿈이 있다. 다른 동기들은 어떻게 하면 정년까지 버틸 수 있을까 걱정할 때 그는 임원을 꿈꾼다. 같은 공간에서 근무하는 직원들 사이에도 생각은 천차만별이다.

K는 3박 4일의 짧은 휴가 기간에도 미리 세워 놓은 계획대로 책을 읽고, 영어 공부를 하고, 수영을 하며 잠시도 시간을 허투루 쓰는 법이 없다. 남는 시간엔 휴대폰이며 전화기까지 끄고 다른 생각은 일절 안 한 채 오직 가족들과 어울리며 휴식을 즐긴다. 그에 비해 그의 동기들은 휴가 기간에 고스톱을 치고, 줄담배를 피우고, 술을 마셔 대며 희희낙락 시간을 죽인다. 그들은 그것을 휴식이라고 여긴다.

삶은 불공평한 것 같아도 매우 엄격하게 삶의 법칙을 적용시킨다. 휴식 시간을 잘 활용하는 K는 늘 인사고과에서 선두를 달린다. 한 번도 처진 적이 없다. 그 자신이 결코 용납하지 않는다. K에게 있어 휴식 시간은 충전의 시간이며 창조적인 시간이다.

다행히도 지금 우리 사회에는 K처럼 시간을 잘 쓰는 사람들이 점차 늘고 있다. 자신이 살아남기 위한 자기 혁신과 계발을 위해서다. 반면 아직도 휴식 시간에 고스톱이나 치고, 몸이 이기지 못할 만큼 술을 퍼마시는 사람들이 월등히 많다.

유대인들은 휴식 시간을 잘 쓰기로 유명하다. 《탈무드》의 가르침에 따라 그들은 휴식 시간을 소중히 여겨 잘 활용한다. 그들은 휴식 시간을 일하는 것과 동일시한다. 유대인에겐 안식일이라고 불리는 날이 있다. 안식일은 일주일에 한 번씩 돌아온다. 이날은 일로부터 완전히 떠나 자기만의 시간을 가지며 푹 쉰다. 오직 휴식 외에는 아무것도 안 한다.

"휴일이 인간에게 주어진 것이지, 인간이 휴일에게 주어진 것은 아니다."

《탈무드》에 나오는 말이다. 철저하게 인간 중심의 휴일이라는 걸 알 수 있다. 휴일에는 아이나 어른 할 것 없이 깊은 휴식을 취한다. 일과 관계된 것은 무엇이든 해서는 안 된다. 유대인에게는 불문율과 같다. 유대인들은 자기만의 휴식 시간을 즐기고, 그 시간을 매우 소중하게 생각한다. 그들은 철저히 자신을 즐기면서도 그 어느 민족보다 우수하다는 평가를 받는다. 우리 식으로 풀이한다면 일할 땐 화끈하게 일하고, 놀 땐 화끈하게 노는 것이다.

우리는 어떠한가. 우리나라 사람들은 일은 열심히 하는데, 노는 문화는 뒤떨어져 있다. 직장 동료들끼리 휴가를 가든, 가족끼리 휴가를 가든 휴식을 즐기는 방법이 대개 비슷하다. 일단 모이기만 하면 누가 시키지 않아도 고스톱 판을 벌이거나 포커를 즐긴다. 그것도 잠깐이 아니다. 아침에 시작하면 점심을 지나 저녁 늦게까지 한다. 심지어는 날밤을 새우기도 한다. 거기다 폭주를 하고, 곰이라도 잡을 듯이 피워 대는 담배는 정말 곤혹스러울 정도다.

나는 고스톱이라든가 포커, 당구 같은 신변잡기는 할 줄을 모른다. 안 배워서가 아니라 아예 관심이 없다. 친구들이나 내가 속한 단체에서 여행을 떠나면 나는 홀로 떨어져 책을 읽거나, 음악을 듣거나, 산책을 하거나, 마음이 잘 맞는 이와 이야기를 즐긴다. 즉 나만의 시간을 즐긴다. 그러니 나는 여럿이 어딜 간다는 일이 썩 달갑지 않다. 나는 철저하게 가족과 시간을 보내는 스타일이다. 나는 아이들이 어렸을 때부터 차 트렁크에 며칠 먹을 음식과 옷가지 등을 싣고 전국을 누비며 다녔다.

유대인들이나 나의 휴식법이 전부 옳다는 말은 아니다. 휴식 내내 고스톱 판을 벌이고 술을 마시는 것보다는 그래도 낫다. 가장 합리적인 휴식 문화는 우리나라 정서에 맞게 맞추면 된다. 어떻게 하는 것이 좋을까.

첫째, 가족과 갔을 때는 오직 가족 중심으로 즐겨라. 다른 사람들과 굳이 어울리지 마라. 가족끼리 오붓한 시간을 가지고, 바빠서 평소에 함께하지 못했던 시간을 맘껏 즐겨라.

둘째, 여럿이 가거나 직장 동료들과 갈 때는 자기만의 시간과 함께하는 사람들과의 시간을 나눠 즐겨라. 날밤을 새워 봤자 남는 건 피곤함뿐이다. 휴식도 생산적으로 즐겨야 한다.

셋째, 가끔씩 혼자만의 휴식을 즐겨라. 이땐 오직 자신만을 위해 즐겨라. 자신이 하고 싶은 것을 하라. 단 가족이 오해하지 않게 동의를 구하는 것은 필수이다.

"현대인은 여가를 무서워한다. 여가는 자기와 대결을 강요하기 때문이다. 하지만 여가를 통해 사람들은 지적으로 창조된다."

영국의 역사학자 아놀드 토인비가 그의 저서 《미래를 사는 지혜》에서 주장한 말이다. 토인비의 말은 창조적인 미래를 살아가기 위해서는 미래에 맞게 자신을 만들어 가지 않으면 안 된다는 의미다. 그러기 위해 휴식이 매우 필요하다는 말이다.

나는 이에 전적으로 동의한다. 작가로서 하루하루를 살다 보면 주기적으로 정서가 메마르는 것을 느낀다. 이럴 땐 하던 일을 접고 하루나 이틀 정도 발길 닿는 곳으로 떠나곤 한다. 작가에게 떠남은 휴식이지만 창조적인 떠남이다. 글을 쓰다 글이 막혀 막막해졌다가도 떠났다 다시 돌아올 땐 언제 그랬느냐는 듯이 술술 풀려나온다. 휴식은 작가만의 문제가 아니다. 누구에게나 필요한 삶의 요소다.

똑똑하게 휴식하라. 휴식을 먹고 마시는 것으로 탕진하지 마라. 휴식을 잘 보내는 이가 남보다 한발 앞서 간다.

사람은 일만 해서는 살 수 없다. 일한 만큼 휴식해야 한다. 휴식은 단순히 먹고 마시고 즐기는 것이 아니다. 휴식은 안식이고 창조를 위한 기회며, 지금의 자신을 돌아보는 거울이다. 유대인들이 휴식 시간을 철저하게 쓰는 이유는 휴식이 그들에게 삶의 재충전이기 때문이다. 똑똑하게 휴식하라. 휴식은 현대인들에게 가장 필요한 '삶의 필수 아미노산'과 같다.

5

자녀 인생은 자녀의 것,
자녀가 원하는 길을 가게 하라

한국 부모들, 특히 어머니들의 자녀 사랑은 참 유별나다 못해 소름이 끼칠 정도다. 아이들을 모두 슈퍼맨, 슈퍼우먼으로 키우려고 한다. 문제는 내 아이가 가능성이 없는데도 남들이 하니까 나도 해 본다는 식이다. 완전 막무가내이다. 이는 사랑하는 아이에 대한 사랑이 아니다. 아이의 개성을 죽이는 일이며, 아이에게 잠재된 재능을 무시하는 행위이다. 사람은 생각이 다르고, 능력이 다르고, 성격이 다르고, 지능도 다르다. 어떻게 아이들을 다 똑같이 키우려고 한단 말인가. 비상식적인 일이며, 돈 낭비, 인력 낭비, 시간 낭비이다.

아이들은 생각 없는 꽃이 아니다. 아이들은 엄연히 인격을 가진 인격체이다. 부모라고 해서 아이들의 미래를 좌지우지하는 것은 아이의 미래를 저당 잡는 것과 다름없다. 물론 아이들이 잘되기를 바라는 부모의 심정은 마땅하다. 내 자식이 좋은 집, 좋은 직장, 좋

137

은 환경에서 살아가길 꿈꾸는 마음은 부모라면 누구나 가진다.

하지만 한번 냉정히 생각할 필요가 있다. 획일적인 교육은 아이들 모두를 살아 있는 인형으로 만드는 일이다. 현명한 부모가 되어야 한다. 내 아이가 무엇을 잘하고, 무엇을 하면 인간답게 살아갈수 있는지를 간파해야 한다. 그리고 그에 맞는 맞춤식 교육이 바람직하다.

우리나라 피겨 스케이팅 선수로는 최초로 밴쿠버 동계올림픽에서 금메달을 목에 건 김연아. 피겨 사상 최고의 선수라고 세계 피겨계와 언론은 말한다. 김연아가 피겨의 전설이 될 수 있었던 이유는부모가 자녀의 재능을 알아보고 열정과 시간을 투자했기 때문이다. 김연아의 부모가 다른 부모들처럼 피겨를 취미 정도로만 생각하고공부에 열중하게 했다면 어떻게 되었을까. 그저 공부 잘하는 자식으로만 키웠을지 모른다. 현명하게도 자녀의 재능을 살리는 일에열정을 바쳤기에 세계 최고의 피겨 선수가 될 수 있었다.

대한민국 수영계의 희망 박태환을 보자. 그 또한 재능을 잘 살려좋은 결과를 얻은 대한민국 수영계의 전설이다. 그는 베이징 올림픽에서 올림픽 수영 사상 최초로 400미터 자유형에서 금메달을 우리에게 안겨 주었다. 만일 그의 부모가 공부나 잘하라며 밤늦게까지 학원으로 보냈더라면 어떻게 되었을까. 그 역시 공부 잘하는 모범생은 되었을지언정 세계 속에 자신의 이름을 영원히 남기지는 못했을 것이다.

첼리스트 장한나. 첼로 하나로 한국을 빛낸 그녀는 우리나라의 자랑이다. 그녀에게 공부나 잘하라며 첼로를 치워 버렸다면 어떻게 되었을까. 그냥 평범한 삶을 살고 있을지도 모른다. 그녀도 현명한 부모를 만나 자신의 재능을 살린 끝에 빛나는 인생을 살아가고 있다.

꼭 세계 최고가 되어야만 하는 것은 아니다. 아이가 행복하고 자신이 하는 일에 만족할 수 있다면 되지 않는가. 왜 아이의 행복을 무시하고, '다 널 위해서 그러는 거야'라는 말을 앞세워 아이들을 혹사시키는가.

"공부 때문에 미쳐 버리겠어!"

초등학생 아이들 입에서 나온 말이다. 요즘 초등학교 아이들 입에서 나오는 말치곤 너무 비관적이고 가슴을 먹먹하게 한다. 다들 정신을 차리지 않으면 정말 아이들이 미쳐 날뛰는 세상이 오지 않을까 심히 우려스럽다. 누구나 행복하게 살 권리가 있다. 아이들의 인생은 아이들의 것이질 않는가. 자식을 낳았다고 부모 맘대로 해도 된다는 생각을 버려야 한다. 그렇지 않으면 아이가 불행해진다.

지금 거리에는 집을 나와 떠도는 십대들로 가득하다. 집을 나온 이유는 여러 가지겠으나, 힘겨운 공부 때문에 나온 십대들이 의외로 많다는 게 문제다. 아이들이 기본적인 생활을 하기 위해 아르바이트를 하고, 남의 물건을 훔치고, 심지어는 매음을 하면서 거리를 떠돌고 있다.

"요즘 청소년 문제가 아주 심각합니다. 앳된 아이들이 술에 취해 길을 떠돌고, 윤락을 하고, 마약을 하고, 강도짓을 하고, 절도를 하고, 폭행을 하는 등 걷잡을 수 없을 정둡니다."

언젠가 시민 단체 회원에게 들은 이야기이다. 그는 문제 있는 청소년 뒤에 문제 있는 부모가 있다고 했다.

《유대인식 무릎교육》이란 책을 내고 경인방송에서 방송을 한 적이 있다. 그 후 분당에 사는 어떤 어머니로부터 한 통의 전화를 받았다. 그녀는 중학교 2학년 아들을 두었다고 했다. 그녀는 20분가량 자신의 고민을 털어놓았다. 다음은 그녀가 털어놓은 고민이다.

아이는 공부에는 관심이 없다. 아이가 하고 싶은 것은 작곡이다. 아이는 피아노와 기타를 잘 친다. 아이는 일반 학원에 다닐 돈으로 작곡 공부를 하겠다며 떼를 쓴다. 그녀는 달래도 보고 으름장도 놓았다. 할 수 있는 방법은 모두 해봤는데도 아이의 고집을 꺾을 수 없다.

나는 그녀의 이야기를 듣고 말했다.

"아이가 원하는 바를 들어주세요. 들어주되 아이와 약속을 하세요. 아이가 열정을 바쳐 할 수 있는지를. 미션을 주는 겁니다. 작곡 공부를 해도 좋지만, 만약을 위해 공부에도 관심을 가지라고 하세요. 그런 조건이면 밀어 주겠다고. 인생은 깁니다. 진정으로 내 아이의 행복을 바란다면 조급하게 생각하지 말고 아이를 격려하고 칭찬해 주세요. 그러면 아이는 감사하게 여겨 엄마 말에 순종하고 열심히 하려고 할 겁니다."

그녀는 정말 그래도 되겠느냐며 말했다. 나는 믿으라고 했다. 내 자식 내가 안 믿으면 누가 믿겠느냐고. 그녀는 감사하다며 전화를 끊었다. 지금 그 아이가 어떻게 하고 있는지는 모르겠다. 다만 예전보다 적극적으로 생활하지 않을까 싶다.

아이들도 자신을 믿어 주면 잘하려고 한다. 나는 그걸 믿는다. 나는 내 아이에게 공부를 강요하지 않았다. 아이들이 원하는 것을 하게 했다. 큰아이는 피아노를 전공했고, 작은아이는 뮤지컬을 전공했다. 모두 자신들이 선택한 것이다. 아이들 인생은 아이들이 스스로 선택해야 한다는 생각에 따랐다.

아이들이 잘살거나 무엇이 되는 것은 아이들이 해야 할 문제다. 부모는 그저 아이들이 나쁜 길로 가지 않도록 살피면 된다. 아이들의 인생을 감독하는 감독자가 아니라, 인생의 조언자가 되라는 의미다. 잘 먹이고, 잘 입히고, 학원비 대주면서 공부만 하라는 것은 아이들을 미치게 하는 길임을 깊이 인식해야겠다.

공부 잘해서 잘사는 사람도 좋겠지만, 자신이 하고 싶은 일을 해서 보다 큰 행복을 느끼는 사람이 되어야 한다. 그런 삶은 힘들어도 행복하고, 조금은 돈이 없어도 행복하다. 진정한 행복을 삶의 가치에서 찾게 하라.

또 하나, 아이들에게 매달려 자신의 인생을 허비하지 말라. 나의 인생을 아이들에게만 올인하는 것은 아이들에게도 부담스러운 일이다.

내가 아는 어떤 어머니는 아이들이 대학을 나올 때까지 자기 시간은 일절 없었다. 오직 아이들에게만 자신을 맞추었다. 그녀를 아는 주변 사람들은 그녀의 헌신적인 모성애에 머리를 흔들 정도였다. 지금은 어떠한가. 아이들이 짝을 찾아 자기 곁을 떠나자 그렇게 허무할 수가 없다고 했다. 어느 날 거울을 보는데, 갑자기 웬 50대 여자가 자신을 보고 쓴웃음을 짓더라고 했다. '이게 지금의 내 모습인가' 생각하니 눈물만 줄줄 흘러나오더라고 했다.

아이들의 인생에 너무 깊이 관여하지 마라. 아이들이 원하는 것을 하게 하되, 격려하고 조언하는 현명한 부모가 되라. 아이들도 생각이 있고, 꿈이 있고, 미래를 생각한다. 아이의 인생은 아이에게 맡겨라.

50대가 되기 전에 이것만은 꼭!

아이들의 인생까지 모두 맡으려는 부모들을 종종 본다. 그래 놓고 아이들이 원하는 대로 하면 내 인생을 송두리째 바친 결과가 이거냐며 한탄하곤한다. 자식 사랑이 지극하다고 탓할 수는 없다. 하지만 지나침은 아니한 만 못하다는 말이 있질 않은가. 아이의 모든 것에 참견하지 말라는 뜻이다. 아이들도 자기 인생을 스스로 선택할 권리가 있다. 아이의 인생은 아이의 것이다. 똑똑한 부모는 아이가 원하는 것을 하게 한다. 똑똑한 부모가 되라.

6

후회는 몹쓸 아픔이다
후회할 일을 만들지 마라

젊었을 땐 인생을 잘 모른다. 어떻게 사는 것이 좋은 삶인지를 몰라서 실수를 하고 객기를 부린다. 남에게 상처를 주고, 스스로에게 상처 남기기를 예사로 한다. 잘못을 잘 모른다. 그냥 작은 실수를 했다고 치부해 버리곤 한다.

젊다는 이유만으로 실수를 덮어줄 수는 없다. 이는 삶의 룰이다. 실수를 덮어주면 앞으로 계속 실수를 해도 좋다는 묵인과 같다. 젊음은 피가 뜨겁다는 의미, 살아갈 날이 살아온 날보다 아직은 많다는 의미다. 그래서 하고 싶은 일도 많고 꿈도 크다는 의미이지, 실수를 해도 좋다는 허락은 아니다.

나이가 들어간다는 것은 후회할 일을 줄여 가는 과정이다. 실수를 줄이고, 보다 넉넉한 마음과 자세로 삶을 살아가는 과정을 말한다. 실수를 줄이면 그만큼 후회도 적어지는 법이다.

143

"산다는 것은 죽는 것이다. 옳게 산다는 것은 옳게 죽는다는 것이다. 옳게 죽기 위해서 노력하지 않으면 안 된다."

톨스토이가 한 말이다. 톨스토이는 러시아 귀족으로서 어마어마한 저택과 방대한 땅을 가진 부호였음에도 불구하고, 서민들을 사랑하고 없는 자들을 위해 후원과 봉사를 하는 겸허한 마음으로 살았다. 그는 철저한 인본주의를 추구했다. 톨스토이의 이러한 삶은 많은 사람들에게 깊은 감명을 주었고, 지금도 러시아 국민들은 그를 자랑스러워하고 높이 받들어 존경한다.

톨스토이는 옳게 죽기 위해서는 노력하지 않으면 안 된다고 말했다. 옳게 죽는다는 말은 다소 역설적이지만, 그만큼 옳게 살아야 한다는 뜻이다. 좀 더 구체적으로 말한다면 '후회를 남기지 않는 삶'을 살아야 한다는 말이다. 만일 톨스토이가 이런 사상과 철학을 지니지 않았다면 소설가로서 성공했을지는 몰라도, 수많은 사람들로부터 두고두고 존경받는 인생이 되지는 못했을 것이다.

《아침이 행복해지는 책》을 낸 지 두 달이 미처 안 되어 한 통의 전화를 받았다. 전화를 한 사람은 마흔한 살의 남자였다. 그는 청소년 시절 가족의 불화로 마음을 잡지 못하고 싸움을 일삼으며 지냈다. 그 여파로 고등학교도 마치지 못했다. 그는 소년원으로 교도소로 전전하며 푸른 청춘을 날려 버렸다. 다행히도 신앙을 믿게 되었고, 좋은 여자를 만나 행복한 날을 보냈다.

하루는 욱하는 성격을 참지 못해 여자와의 약속을 잊고 사람을 폭행했다. 다시 교도소에 수감되었다. 시간은 흘러가 출소를 했지만, 사랑했던 여자는 이미 떠난 뒤였다. 그는 절망감에 빠져 후회하며 시간을 보내다 우연히 《아침이 행복해지는 책》을 읽고 전화한 것이다. 어쩌면 꼬인 삶을 풀 수 있는 해법을 찾을지도 모른다는 생각이었다.

나는 그의 얘기를 듣고 말했다.

"사람은 누구나 실수를 합니다. 어떤 사람은 실수를 통해 진실하게 살려고 노력하는 반면, 어떤 사람은 똑같은 실수를 반복하지요. 똑같은 실수를 반복하는 이유는 자신에 대한 확신이 약하기 때문입니다. 지난날 잘못은 잊으십시오. 마음에서 파내 버리세요. 현재를 생각하고 미래를 생각하세요. 미래에 웃는 나와 울고 있는 나를 생각해 보십시오. 울고 있는 나를 생각하면 생각만으로도 마음이 아플 겁니다. 웃는 모습은 생각만으로도 기분이 좋을 겁니다. 지금을 열심히 사십시오. 쓸쓸했던 지난날을 보상받아야 하지 않겠습니까? 보상은 누가 해주지 않습니다. 스스로가 스스로에게 보상하는 겁니다. 스스로를 사랑하고 아끼십시오. 나는 소중한 사람이라고 생각하십시오. 행운을 빌겠습니다."

그는 지금껏 자신을 스스로 학대했다고 했다. 이제부터라도 자신을 사랑하고 아끼겠다고 말했다. 나중에 스스로 만족하게 되면 꼭 찾아오겠다고 했다. 나는 진심으로 그의 앞날을 기도해 주었다.

"자제할 수 있다는 것은 자신을 컨트롤할 수 있다는 의미이다. 자신의 가슴속에 깃들어 있는 욕망을 스스로 제어한다는 의미이다. 욕망이 이끄는 대로 끌려가지 않고 자신의 행동을 확고히 지배하는 주인이 되는 것이다."

프리드리히 니체의 말이다. 니체의 말에서 보듯, 욕망이 이끄는 대로 끌려가지 않고 자제할 수 있다는 것은 자신의 행동을 스스로 지배한다는 의미이다. 후회하는 일의 대부분은 크든 작든 상대방(아내, 직장 동료, 친구 등 자신과 관계되는 모든 사람들)은 안중에도 없이 자신이 원하는 대로 하는 데에서 비롯한다. 모든 후회의 원인은 자신에게 달려 있다.

언젠가 죽음을 앞둔 사람들에게 무엇이 가장 후회되느냐고 물었다. 그랬더니 사소한 일에도 배려하지 못하고 상대방의 마음을 아프게 한 일이라고 대답했다. 칠십이 넘은 어르신들에게 같은 질문을 했다. 가부장적인 태도로 아내를 배려하지 않고 따뜻하게 대하지 못한 일이라고 대답했다.

후회를 남기는 일은 두고두고 후회하게 만든다. 대다수의 사람들이 그것을 잊고 산다. 나이가 들수록 후회하는 일들을 만들지 말아야 한다고 나는 스스로에게 말한다. 후회하는 일은 나를 아프게 하고, 상대방에게 상처를 준다.

점점 세상과 이별하는 시간이 가까워진다 생각하니, 하루하루 삶의 무게가 예전과는 다르게 느껴진다. 과거엔 하루를 헛되이 살면 그 하루로 끝났다. 지금은 하루를 헛되이 살면 일주일, 한 달, 아니 일 년을 잘못 살 것처럼 여겨진다. 자연스레 마음을 다잡게 되고, 나를 돌아보게 된다.

50대에 들고 보면 시간이 너무 빠르게 지나감을 느낀다. 40대엔 느끼지 못한 세월의 속도이다. 세월은 인간을 이해하지 못한다. 다만 자연법칙에 따라 흘러갈 뿐이다. 더 늦기 전에 이제 후회할 일은 하지 않아야겠다.

50대가 되기 전에 이것만은 꼭!

젊은 시절 어른들로부터 세월에 장사 없다는 말을 무수히 들어 왔다. 그런데도 오만 방자하게 귓등으로 흘려보내곤 했다. 지금 와서 생각하니 모두가 나의 무지이고 교만이었다. 후회하는 일은 나이와 정비례한다. 나이를 먹어 갈수록 잘한 일은 생각나지 않고, 못한 일만 생각난다. 나는 세월 앞에 오만했던 나를 반성한다. 후회는 몹쓸 아픔이다. 후회를 줄이는 인생이 보다 가치 있는 인생이다.

CHAPTER 4

자신의 존재성을 믿고,
자존감을 존중하라

내게 승자란 신이 부여한 재능을 인정하고, 그것을 기술로 발전시키기 위해

무한한 노력을 경주하며, 그렇게 얻은 기술을 목표 달성에 활용하는 자이다.

나는 패배했을 때조차도 약점이 무엇인지 배웠으며,

다음 날 그 약점을 장점으로 전환시키기 위해 노력을 다했다.

_1
자신을 사랑하고,
자신을 격려하라

행복은 인생의 카타르시스다. 우리는 누구나 행복의 알피니스트가 되어야 한다. 행복해지기 위해서는 자신을 사랑하고 존중해야 한다.

나는 글쓰기 강좌를 하면서 '행복'이란 주제로 강의를 한 적이 있다. 그때 수강생들의 행복 척도를 알아보기 위해 '나는 지금 행복한가?' 라는 질문을 했다. 그 결과 자신을 행복하다고 한 사람들보다 그렇지 않다고 말한 사람들이 더 많았다.

그 둘 사이에는 분명한 특징이 있었다. 자신을 행복하다고 말한 사람들은 자신에 대한 애착이 많았다. 자신을 소중한 존재라고 여기고 사랑하는 마음이 남달랐다. 자신을 불행하다고 말한 사람들은 자신에 대한 애착이 부족했다. 자신에 대한 사랑이 부족했던 것이다. 자기가 자신을 어떻게 대하느냐에 따라 이처럼 큰 차이를 보인다.

수강생 중 J가 있었다. 그녀는 강의를 들으러 올 때마다 매번 옷이며 머리 모양을 바꿨다. 그녀는 스스로 가꾸지 않는 것은 자신에 대한 모독이라고 했다. 자기가 자신을 아끼지 않으면 누가 아끼겠냐는 말이다. 어떻게 보면 철저하도록 자기중심적으로 보여도 매우 그럴듯한 논리였다.

그녀는 자신을 위한 품위유지비를 책정한다고 했다. 보통 직장에서 지위에 맞게 활동하라고 지급하는 품위유지비를 그녀는 자신을 위해 책정했다는 것이다. 처음 그 얘기를 들었을 때 함께 있던 수강생들의 얼굴에는 아리송한 표정이 역력했다. 그녀는 이해를 돕기라도 하듯 품위유지비는 자신의 용돈이라고 말했다. 그녀는 용돈을 품위를 유지하기 위한 명목으로 쓴다고 했다. 용돈을 품위유지비라고 칭하니 훨씬 가치 있게 들렸다. 그제야 사람들은 고개를 끄덕이며 '역시 센스쟁이는 달라' 하는 표정이었다.

그녀는 좋은 영화가 있으면 극장에 가서 보고, 읽고 싶은 책이 있으면 사고, 좋은 음악이 있으면 CD를 사는 등 자신의 욕구를 철저히 즐겼다. 그것이 그녀의 행복이라고 했다. 그녀가 그런 원칙을 세우고 실행에 옮기기 전엔 성격 차이로 남편과의 갈등이 심했다. '내가 왜 살지?' 하는 삶의 의미조차 점점 희미해져 갔다. 짜증만 나고 자신이 한없이 불행하게 생각되었다.

그러던 어느 날 그녀는 책에서 '나는 가장 소중한 사람, 스스로 자신을 칭찬하고 사랑하라'는 문구를 보았다. 그 문구를 본 순간 '그래, 이제부터 나는 나를 사는 거야'라는 생각이 가슴을 파고들었다. 그녀가 자신의 생각을 남편에게 말했더니, 그동안의 갈등으로 지친 남편도 그러라고 했다. 그때부터 자신을 맘껏 사랑하고 격려하며 위한다고 말했다.

나는 그녀의 말을 듣고 참 현명한 여자라고 생각했다. 자칫 불행으로 치달을 수 있는 상황에서 행복 찾기 해법을 찾았다. 그 후 남편과의 갈등도 해소되고 사이가 꽤 돈독해졌다고 했다. 그녀는 자신을 사랑하는 법을 알았던 것이다.

자신을 사랑하고 존중하면 자신이 매우 소중하게 생각되어 자신에게 함부로 할 수 없다. 매사에 자신을 돋보이게 노력한다. 돈이 많지 않아도 자신만의 사랑법을 찾으면 된다.

다음은 자기를 사랑하지 못해 불행하게 된 경우이다. 언젠가 잘 알고 지내는 의사 K에게 들은 얘기다.

S의 남편은 종합병원 내과 의사다. S에겐 고등학교 2학년인 아들과 초등학교 6학년인 아들이 있다. 남편은 그녀보다 세 살 연하다. 문제는 그녀와 남편의 갈등이 매우 심각하다는 데 있다.

갈등의 원인은 그녀가 말수가 적고, 꾸미지도 않으며, 애교도 없어 마치 누나 같다는 남편의 불만이었다. 아내에게 끌림이 없었다.

더구나 결혼도 아버지의 강권에 못 이겨 해서 더더욱 정이 가지 않았다. 아버지가 살아 계실 때는 살 붙이고 살았지만, 세상을 떠나고 나자 남편은 자기 의도대로 했다. 아내와 각방을 썼던 것이다.

그녀는 자신이 무엇이 문제인지 몰랐다. 매일 변화 없는 헤어스타일, 옷, 무뚝뚝함은 같은 여자가 봐도 싫증 나는 스타일이었다. 남편과의 다툼이 잦아졌고, 골은 점점 깊어져 심각할 정도에 이르렀다. 결국 남편에게 새로운 여자가 생겼고, 그 일로 인해 이혼을 하고 말았다. 자신을 사랑하고 아끼는 마음을 갖고 새로운 변화를 시도했더라면 불행하게 끝나지는 않았을 것이다.

"행복이란 스스로 만족하는 데 있다. 남보다 나은 점에서 행복을 구한다면 영원히 행복하지 못한다. 누구든지 남보다 한두 가지 나은 점이 있지만, 열 가지 모두 남보다 뛰어날 수는 없다. 행복이란 남과 비교해서 찾아서는 안 된다. 스스로 만족할 수 있는 것이 중요하다."

알랭의 말이다.

행복은 누가 만들어 주는 것이 아니다. 남이 만들어 주는 행복은 한계가 있다. 남보다 나은 것에서 행복을 구한다고 찾아오는 것도 아니다. 설령 오더라도 그리 길게 가지는 못한다.

J의 경우는 자신을 사랑하고 격려했기에 남편과의 갈등을 극복하고 넘치는 행복을 느끼며 살았다. S는 자신을 사랑하지도 격려

하지도 않아 이별의 아픔을 겪어야만 했다. 자신의 행복은 스스로 만드는 것이다. 누군가로부터 사랑을 받든 칭찬을 받든, 그 모든 행복은 자신이 스스로 만들어야 한다.

나이가 들어 갈수록 더욱 행복해져야 한다. 가능하면 매 순간마다 행복을 느끼며 살아야 한다. 그만큼 행복하게 살 날이 점점 짧아지기 때문이다. 40대를 슬기롭게 보내야 50대를 기쁘게 맞이할 수 있다. 더 많이 행복하고, 더 많이 삶에 감사하라.

50대가 되기 전에 이것만은 꼭!

자기를 사랑하고 존중하는 사람은 자신을 함부로 방치하지 않는다. 남들이 자신을 방치할 때도 발전을 위해 자아 계발에 적극적이다. 자신을 위해 노력하면 불행할 틈이 없다. 되는 대로 사는 사람은 어떤 순간에 이르면 불행을 호소한다. 스스로를 사랑하지 않고 방치함으로써 남보다 자신이 못하다는 생각을 하게 되기 때문이다. 모든 행복은 노력에서 온다. 자신을 사랑하라. 자신을 격려하라.

_2
가고 싶은 곳은 꼭 가보라
여행은 마음의 충전이다

여행 싫어하는 사람들은 별로 없다. 여행은 누구나 하고 싶어 하는 일 중 하나다. 낯선 곳으로 떠나는 여행은 그 자체만으로도 가슴을 설레게 한다. 여행을 자주 다니는 사람들을 보면 생각이 새롭고, 마음 또한 넉넉하다. 그 모두가 여행을 통해 깨달은 바가 많아서다.

여행은 새로운 깨달음을 주고 새로운 삶을 발견하게 하는 최적의 요소이다. 시인이나 작가들이 여행을 글쓰기 이상으로 좋아하는 까닭은 여행 자체가 시가 되고, 소설이 되고, 에세이가 되고, 동화가 되고, 동시가 되기 때문이다.

여럿이 함께 가는 여행도 좋지만, 혼자 떠나는 여행도 좋다. 여럿이 가는 여행은 당일 코스로 좋다. 생활 속에서 찌든 몸과 마음을 하루 동안 탁 털어 버리고 오기 좋다. 이에 비해 혼자 떠나는 여행은 사색적인 여행이다. 글의 소재를 찾기에 좋고, 마음의 키를 키우고 생각의 깊이를 더하는 데 딱이다. 누구에게도 구애받지 않아 몸과 마음이 자유롭다. 나는 혼자 떠나는 여행을 참 좋아한다.

대다수의 사람들은 선뜻 여행에 나서지 못한다. 먹고사는 일에 매여 짬이 없다. 아이들이 있으면 아침밥 먹이고 등교시키고 뒷바라지 하는 등 여유가 없다. 언감생심 여행은 꿈도 못 꾼다.

하지만 마음을 조금만 고쳐먹으면 얼마든지 가능하다. 먹고사는 일에 매여 아무리 바빠도 틈새는 있는 법이다. 더구나 주 5일 근무로 인해 과거에 비해 삶의 여건이 많이 좋아졌다. 여행을 하지 못할 이유가 그만큼 줄었다. 그런데도 여행을 떠나지 못하는 이유는 그 시간에 다른 일을 하기 때문이다. 여행은 하루 이틀 자고 와도 좋고, 가끔씩 저녁 늦게 떠났다 다음 날 돌아와도 좋다.

내 후배인 K의 여행 스타일이다. 그에겐 중학생 아들과 고등학생 딸아이가 있다. 그래도 그들 부부는 한 달에 한 번은 반드시 여행을 즐긴다. 학교 다니는 아이들 놔두고 참 맘도 편하겠다고 여기는 이들도 있을 것이다. 그 역시 마음먹기에 달렸다.

K 부부는 아이들이 부모의 여행을 자연스럽게 받아들이게 했다. 여행을 떠난 동안 먹을 밑반찬을 미리 해놓고, 아이들에게는 할 일을 각자 분담하게 했다. 그랬더니 아이들이 의외로 잘하더라는 것이다.

대개의 부모들은 잠시라도 집을 비우면 안 된다고 여긴다. 아이들이 염려스러워서다. 사실 아이들은 시키지 않아서 그렇지, 습관만 되면 아주 잘한다. K 부부는 아이들의 습관을 잘 들여 놓았다. 오히려 부부가 여행을 다니고 나서부터 아이들의 독립심도 좋아지고, 책임감도 좋아졌다.

K 부부는 1박 2일을 원칙으로 해서 다녀온다. 그들이 그동안 다닌 곳만 해도 50군데가 넘는다. 어쩌다 일찍 여행을 떠나지 못하면 저녁 늦게 무박으로라도 다녀온다. K 부부는 둘만의 여행을 통해 정이 더 두터워졌다. 남편은 아내에 대해, 아내는 남편에 대해 이해심이 좋아졌다.

오래전 TV에서 본 이야기이다. 가수 U는 저녁 늦게라도 부부 중 누가 떠나자고 말하면 즉시 떠난다고 했다. 그곳이 강릉 경포대든, 아니면 다른 여타의 곳이라도 즉시 행동에 옮긴다고 했다. 나는 그들 부부를 보며 참 멋지게 산다고 생각했다. 나도 그들 부부처럼 시도해 봤다. 떠나고 싶을 땐 무조건 떠났다. 저녁 늦게 떠났다가 다음 날 낮에 돌아와도 참 좋았다.

시도하지 않으면 아무것도 할 수 없다. 그런데도 시도조차 하지 않는 사람들이 많다. 어떻게 시도도 안 해보고 좋으니 나쁘니 말할 수 있으며, 그 기쁨을 알 수 있단 말인가. 1박 2일이든 무박이든, 여행을 떠나고 싶으면 습관화하라. 아이들에게 하루 이틀쯤 혼자 지내는 법을 가르치면 아이들도 무척 좋아한다. 아이들도 엄마 아빠의 그늘에서 벗어나 혼자만의 시간을 갖고 즐거워한다. 간혹 아이들 중엔 무절제하게 게임을 하거나, 해서는 안 될 일에 호기심을 갖기도 하지만 상황에 맞게 조정한다면 충분히 가능하다.

50대, 60대에게 지금 가장 해보고 싶은 것이 무어냐고 묻는다면 여행이라고 답하는 사람들이 많다고 한다. 이들 세대가 여행을 하고 싶어 하는 이유는 30대, 40대에 여행을 별로 못 했기 때문이다. 40대는 가정에서도, 직장에서도 가장 중추적인 역할을 하는 위치에 있다. 이런 시기에 맘 편히 여행한다는 것은 아무래도 힘들다고 여긴다. 바로 그런 생각의 고리에서 벗어나야 한다. 하지 않아서 못 하는 것이다. 여행은 지친 마음을 회복시키는 또 다른 일상이다. 그것을 스스로 차단해 버리기에 못 할 뿐이다.

마음이 답답하면 술 먹지 말고 무조건 떠나라. 새로운 일을 구상하거나 새로운 사업을 구상할 때는 집을 벗어나라. 반성하거나 자신을 점검해야 할 일이 생기면 하루쯤 길을 나서라. 낯선 곳에서의 하루는 삶의 에너지를 충전하는 좋은 방법이다.

여행을 놀고 즐기는 것쯤으로 생각하지 마라. 여행은 자신을 더욱 단단하게 동여매 줌으로써 보다 완성된 삶을 살아가게 하는 삶의 좋은 요소이다.

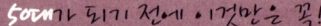

여행은 사치라고 말하는 사람들이 있다. 과거엔 그랬다. 21세기를 사는 지금은 다르다. 여행은 사치가 아니라 필수이다. 지금은 보고 듣고 하는 일이 많고 복잡해졌다. 몸과 마음이 쉽게 지친다. 이럴 때 잠깐의 여행은 삶의 오아시스이다. 삶의 오아시스인 여행을 통해 몸과 마음을 새롭게 충전하라. 단, 무리가 따르는 여행은 삼가라. 그것은 독이 될 수도 있다.

3

패배주의에 물들지 말고
언제나 낙관하고 긍정하라

나이가 들면 점점 삶에 대해, 스스로에 대해 자신감이 떨어진다. 아래에선 젊고 능력 있는 후배들이 치고 올라오고, 위에서는 내리누르니 누군들 마음 편히 지낼 수 있을까. 정년 퇴임이란 개념은 사라진 지 이미 오래고, 일 년이고 이 년이고 조금만 더 버텼으면 하는 게 고작이다. 명예퇴직이니 하는 제도도 말이 좋아 그렇지, 그럴듯하게 포장해서 해고하는 것과 다를 바 없다. 요즘의 직장 생활은 가시방석이나 마찬가지다.

근래의 직장 풍토에서도 자신감이 떨어지지 않는 사람은 대단한 심장을 가졌다고 할 수 있다. 당연히 이런 강심장을 가진 사람은 극히 드물다. 대개의 평범한 사람들은 패배감에 사로잡히고, 술집 한쪽 귀퉁이에 쪼그려 앉아 세월이 뭐 같다며 신세 한탄이나 한다.

충분히 이해가 가는 일이다. 하지만 그런다고 해서 달라지는 것은 별로 없다. 오히려 쪽팔리고 비참한 생각에 물든다. 그렇다고 언제나 패배감에 사로잡혀서는 안 된다. 절망 끝에서도 희망은 있는 법이다. 낙관하고 긍정해야 한다.

오늘의 한국 경제를 이루는 데 있어 핵심적인 역할을 했던 정주영. 그는 찢어지게 가난한 농부의 아들로 태어나 맨주먹으로 현대 그룹을 이뤄낸 신화와 같은 존재다. 한국 경제는 그를 빼놓고 말할 수 없다. 그만큼 독보적인 경제인이며 경영인이었다.

그가 가장 싫어하는 말은 'NO!' 라는 말이다. 그는 'NO' 라고 말하는 직원을 싫어했다. 그런 사람이 있으면 될 일도 안 된다는 것이 그의 생각이었다.

그가 허허벌판인 미포만에 조선소를 세운 일화는 너무도 유명하다. 그는 조선소를 세우기 위해 무작정 영국으로 날아가 차관을 얻어 냈다. 아무것도 없는 그였지만, 확신에 찬 의지를 보고 돈을 빌려 주었다.

그에게는 하지 못할 것이 없었다. 생각은 즉시 실행에 옮기는 그의 저돌적인 의지 앞에 불가능 모드는 가능 모드로 전환되었다. 그가 추진하는 일은 한 번도 실패로 끝난 적이 없다. 그만큼 투철하고 저돌적인 인물이었다.

할 수 있다는 마음을 갖고 행하는 일은 실패할 확률이 적다. 수많은 실패에도 낙담하지 않고 끝까지 하는 힘을 보이면 반드시 좋은 결과를 이룰 수 있다.

　미국 프로 골프 PGA 투어에서 355번의 도전 끝에 우승을 한 사람이 있어 화제를 일으킨 적이 있다. 그는 1998년부터 2011년 6월까지 13년 6개월 동안 한 번도 우승을 한 적이 없었다. 그런데 그가 드디어 우승을 한 것이다. 2011년 6월 13일 미국 테네시 주 멤피스의 사우스윈드에서 열린 경기에 출전해 연장 세 번째 홀에서 우승을 일궈 냈다. 그의 이름은 미국 출신 골퍼인 해리슨 프레이저이다.
　그는 40을 넘긴 나이에 비로소 우승을 이루었다. 생각해 보라. 나이 40이 되도록 우승 한 번 하지 못한 그였기에 그 의미가 어떠했을까. 나는 그의 집념에 감동했다. 말이 355번이지, 많은 패배 끝에도 포기하지 않고 도전했다는 자체만으로도 그는 이미 인생의 우승자였다.
　잘 아는 사람 중에 Y가 있다. 그는 마흔네 살 때인 3년 전에 명퇴를 당하고 말았다. 명퇴를 당한 그의 상실감은 매우 심각했다. 하지만 그는 슬기롭게도 상실감을 떨치고 새로운 사업을 구상하였다. 사전 조사를 마치고 차근차근 준비한 끝에 드디어 사업장을 오픈하였다. 그는 자동차와 관련된 일을 했던 관계로 카센터를 열었다.
　그는 친절과 성실을 모토로 하여 고객들을 성심성의껏 대했다. 그의 친절함과 성실함은 고객들에게 그를 진정성 있는 사람으로 인식시켰다. 오픈한 지 일 년 만에 그의 카센터는 확실하게 자리를 잡을 수 있었다. 만일 그가 패배감에 사로잡혀 술이나 퍼마시고 엉뚱한 생각을 했다면 어떻게 되었을까.

40대는 무엇이든지 할 수 있는 시기이다. 프레이저가 확실하게 보여 주었고, Y가 보여 주었다.

"99번 시도하고 실패했으나, 100번째에 성공이 찾아왔다."

20세기 최고의 물리학자인 아인슈타인의 말이다. 역사상 최고의 천재라는 그도 실패를 했고, 그 실패를 딛고서야 승리할 수 있었다.

"내게 승자란 신이 부여한 재능을 인정하고, 그것을 기술로 발전시키기 위해 무한한 노력을 경주하며, 그렇게 얻은 기술을 목표 달성에 활용하는 자이다. 나는 패배했을 때조차도 약점이 무엇인지 배웠으며, 다음 날 그 약점을 장점으로 전환시키기 위해 노력을 다했다."

미국의 농구 선수인 래리 버드의 말이다. 그는 패배했을 때에도 실망하지 않고 자신의 약점을 극복하기 위해 노력했다.

지금 우리 사회는 젊은 명퇴자들이 수없이 쏟아져 나온다. 그들 대부분이 자신을 패배자로 믿고 있다. 이런 생각의 굴레에서 하루빨리 빠져나와야 한다. 그렇지 않으면 자신은 물론 가족 모두가 불행의 늪에 빠질 수 있다.

아인슈타인과 래리 버드가 그랬던 것처럼 패배감에 물들지 말아야 한다. 패배는 또 다른 성공으로 가기 위한 기회라는 말처럼 낙관하고 긍정하는 마음으로 자신과 싸워 이겨야 한다. 자신을 이기는 자만이 인생 2막을 기쁨으로 열어갈 수 있다.

50대가 되기 전에 이것만은 꼭!

40대는 언제나 현직을 떠날 준비를 하고 있어야 한다. 아무런 준비도 없이 있다간 절망감에 사로잡혀 패배자로 전락하기 십상이다. 40대에 명퇴를 겪고 재기에 성공한 사람들은 하나같이 앞으로 다가올 일에 대비하였다. 철저한 대비가 패배감에 물들지 않고 제2의 인생을 살아가는 데 원동력이 되었다. 낙관하라. 긍정하라. 그러면 어떤 시련도 견뎌낼 수 있다.

하루에 한 번은
반드시 서로를 칭찬하라

인생을 절반쯤 넘기다 보면 삶이 무척 소중하게 다가온다. 하루하루를 건강하게 사는 것도 고맙고, 좋아하는 사람들을 매일 만날 수 있는 것도 고맙다. 푸른 하늘을 맘껏 볼 수 있는 것도 고맙고, 젊었을 땐 당연하게 여겼던 모두가 새삼 고마울 수가 없다.

고마운 마음을 가슴에 차곡차곡 쌓아 간다는 것은 삶을 좀 더 아름답게 살 수 있는 나이가 되었다는 의미이다. 아직도 삶에 대해 투정을 부리고 불만족스럽게 생각한다면 좀 더 너그러운 마음으로 사람들을 대하고 세상을 바라보는 시각을 가져야 한다. 그런 시각을 기를 수 있는 가장 좋은 방법은 상대방의 좋은 점을 칭찬하는 자세이다.

칭찬을 하면 칭찬받는 상대방도 좋고, 무엇보다 칭찬하는 자신도 흡족한 마음이 든다. 칭찬은 너그러운 마음, 여유로운 마음에서 오는 기쁨의 효소이다. 칭찬을 잘하는 사람은 생각이 젊어 동년배보다 젊어 보인다. 칭찬의 에너지가 상대방뿐만 아니라 자신에게도 활력을 불어넣어 주기 때문이다.

보험회사 팀장 P가 있다. 그녀는 보통의 외모를 지닌 커리어우먼이다. 흔히 외모가 뛰어난 여성을 보고 눈이 부시다는 표현을 한다. 그녀는 보통의 외모인데도 빛이 난다. 그녀에게 빛이 나는 이유는 그녀가 지닌 엄청난 에너지 때문이다.

우선 그녀는 사람을 다룰 줄 아는 능력을 갖추었다. 처음 본 사람도 그녀와 몇 마디 얘기를 하다 보면 금방 빨려 들어간다. 그렇다고 그녀가 특별히 화술이 뛰어나지는 않다. 그녀의 넉넉하고 여유로운 마음에서 오는 품격이 상대방을 압도한다. 마치 오래전부터 친하게 지내 오는 언니나 누나처럼 사람을 편안하게 한다.

또 하나의 장점은 사람을 기분 좋게 하는 칭찬이다. 그녀는 만나는 사람마다 하루에 한 번은 반드시 칭찬의 멘트를 날린다.

"이미숙 씨, 오늘 블라우스 참 멋진데. 역시 자기는 센스가 있어."

"역시 김미라 씨는 우리 팀의 다이아몬드야."

이렇게 칭찬 멘트를 날리는데 안 좋아할 사람이 없다. 칭찬은 돈 안 들이고 사람을 즐겁게 하는 가장 경제적이고 효과적인 친교의 기술이다. P의 팀원들은 언제나 즐거운 얼굴이다. 당연히 판매 실적도 좋다. 즐거운 마음으로 고객들을 상대하니 고객들 또한 기분이 좋을 수밖에 없다.

P는 실적이 부진하여 고민하는 직원에겐 자신이 한 계약을 선물로 주기도 한다.

"전지영 씨, 이거 선물이야."

"무슨 선물인데요?"

"힘내. 잘될 거야."

선물에 감격한 직원은 P의 진정성에 감사하고 최선을 다하게 된다. P의 마음 씀씀이는 팀원들은 물론 고객들과 주변 사람들, 가족들에게도 크나큰 활력소가 되어 준다. 그녀는 상대방을 기분 좋게 하면 자신은 두 배, 세 배 기분이 좋아진다는 지혜를 잘 아는 여성이다.

은숙은 아이가 2학년 때까지만 해도 고민이 많았다. 아이가 초등학교에 입학하기 전에는 기대가 대단했었다. 아이는 똑똑하고 영리하게 행동했다. 그러나 막상 학교에 입학을 하고 보니 은숙의 생각과 달랐다. 아이는 공부에 집중하려고 하지 않았다. 은숙은 서른일곱이란 적잖은 나이에 첫아이를 낳았기에 더더욱 아이에 대한 집착이 강했다. 좋은 과외 교사를 두기도 하고 소문난 학원에도 보냈지만, 원하는 만큼의 성과를 보지 못했다.

하루는 속이 상할 대로 상해 길을 걷다가 '오늘도 즐겁게, 오늘도 행복하게'라는 문구를 보게 되었다. 그 순간 은숙은 '난 지금껏 아이를 공부 도구로만 생각했구나. 아이의 마음을 즐겁게 해주자'

라고 생각했다.

은숙은 그날 저녁부터 아이를 칭찬하기 시작했다. 엄마의 칭찬에 아이는 고개를 갸우뚱하면서도 좋아했다. 그동안 "해라"라는 말만 했지, "참 잘했어"라는 말은 거의 한 적이 없었던 은숙이었다.

칭찬의 효과는 빨랐다. 아이가 매사에 달라지기 시작했다. 공부, 음악, 운동 모두 아이는 예전보다 잘하게 되었다. 그러자 그녀도 신이 나기 시작했다. 아이는 칭찬에 힘입어 보다 많이 변화하였다.

그녀는 남편에게도 칭찬의 기술을 써먹었다. 평소에 사근사근하지 못했던 자신에 대한 반성의 의미도 담았다. 쑥스러워하던 남편도 전보다 그녀와 아이에게 충실했다. 칭찬 하나로 가정의 분위기가 확 바뀐 것이다.

뛰어난 CEO에겐 공통적인 장점이 있다. 첫째는 친화력이 뛰어나다. 둘째, 유머가 풍부하다. 셋째, 상대방의 기분을 좋게 하는 칭찬 기술이 뛰어나다. 넷째, 부하 직원들을 배려하는 마음이 좋다. 다섯째, 현실을 직시하는 능력이 뛰어나다. 이런 요소들은 상대방의 기를 살리는 데 아주 효과적인 마인드 키포인트이다. 특히 칭찬은 아주 좋은 자기 계발 도구이다.

지금도 경영의 귀재로 칭송받는 앤드류 카네기는 칭찬의 연금술사이다. 그는 사사로운 일도 기억해 두었다가 직원들을 칭찬했다. 그는 직원들의 이름도 기억해 불러 주는 등 최대한의 친화력을 보였다. 학벌이 아닌 능력만으로 사람들을 평가하여 각 개개인의 능력을 최대한 끌어올리는 놀라운 능력도 보여 주었다. 카네기의 경영 기법은 그를 세계 최고의 CEO가 되게 했다.

비단 카네기만의 일이 아니다. 포드 창업주인 헨리 포드, 크라이슬러의 리 아이아코카, 펩시코의 인드라 누이, 마이크로소프트사의 빌 게이츠, 안철수연구소의 안철수 등이 대표적인 예이다. 장사 능력이 뛰어나고 사업 수단이 좋은 사람들의 특징 역시 칭찬이다. 좋은 성적을 내는 감독들의 특징 역시 선수들 개개인의 기를 살리는 칭찬의 기술이 좋다. 칭찬의 효과는 어느 분야, 어느 계층이든 간에 가장 효과가 탁월한 삶의 기술이다.

나이가 들어갈수록 칭찬이 더욱 필요하다. 힘이 빠지고 머리 회전이 느려지면 능력이 떨어진다. 이럴 때 자칫 의기소침할 수 있다. 칭찬은 자신감을 잃기 쉬운 남편, 아내, 친구, 직장 동료들에게 꼭 해야 할 필수 조건이다.

칭찬하라. 칭찬은 힘이 들지 않는다. 돈도 들지 않는다. 칭찬은 마음만 먹으면 언제 어디서든 손쉽게 할 수 있는 가장 매력적이고 유쾌한 삶의 처세술이다.

칭찬은 사람의 마음을 따뜻하게 하고 즐겁게 만드는 삶의 묘약이다. 칭찬을 들으면 도파민이라는 화학 물질이 촉진되어 기분을 상승시킨다. 극한 상황에서도 칭찬은 큰 효력을 나타낸다. 비난하고 힐책하고 야단을 쳐서는 좋은 결과를 얻을 수 없다. 오히려 반감만 살 뿐이다. 아내는 남편에게, 남편은 아내에게, 상사는 부하 직원에게, 부하 직원은 상사에게 칭찬하라. 칭찬은 가장 경제적인 삶의 기술이다.

인생 한 방을 믿지 말고,
자신의 땀방울을 믿어라

인생 한 방을 믿는 자들이 곳곳에서 넘쳐 난다. 로또 복권이
니 마권이니 카지노니 하는 투기는 우리의 일상이 된 지 이미 오래
다. 이러한 투기는 공익을 위한 기금을 조성하는 긍정적인 면도 있
지만, 사행성을 조장하고 무한한 인간의 잠재된 능력을 빼앗아 버
리는 모순도 함께 갖고 있다. 텔레비전이나 신문을 통해 가끔 보도
되는 기사를 보면 많은 사람들이 몰려가 일확천금을 꿈꾸며 자신
에게 부여된 능력을 소멸시키고 있다. 손쉽게 돈을 벌어야겠다는
생각의 지배를 받다 보니 스스로 절제하지도 못한다.

돈이란 과거에도 현재에도 그렇고, 미래에도 사람들의 마음을
휘저어 놓는 물마物魔, 즉 '물질의 마귀' 다. 돈이 있는 곳엔 항상 사
람들이 몰리고, 돈을 손에 넣기 위해 혈안이 된다. 불법도 마다하지
않고, 편법도 판을 치고, 심지어는 목숨을 위협받는 일을 겪기도 한

다. 인간에게 돈은 꼭 필요하지만, 습득은 정당한 노력에 의할 때 가치가 있는 것이다.

　지인 H가 들려준 이야기이다. H의 친구 중 중소기업을 하는 사람이 있다. 그는 자수성가를 한 성실하고 책임감이 강한 사람이었다. 가정도 화평하고 늘 행복이 가득했다. 그런데 언젠가부터 그가 달라지기 시작했다. 집을 비우고 회사를 비우기 시작했다. 처음엔 그의 아내도 출장이 잦아져서 그런 줄 알았다. 가면 갈수록 집과 회사를 비우는 날이 잦아졌다. 이상한 생각이 든 아내가 물어보았지만, 그는 추진하는 일이 잘 안되어서 그렇다며 걱정하지 말라고 했다.

　그러던 어느 날 회사에 문제가 생겼다. 결제일이 지나도 결제가 되지 않자 여기저기서 아우성이었다. 거래 은행에선 회사로 압류가 들어오고, 그의 집에도 압류가 들어왔다.

　"이게 무슨 일이에요?"

　그의 아내는 난데없는 강제 압류에 깜짝 놀라 어떻게 할 줄을 몰랐다. 망연자실한 상태에서 남편에게 전화를 걸었지만 받지 않았다. 회사고 집이고 엉망진창이 되고 말았다.

　그는 거래처 사람들과 심심풀이로 카드를 하다가 10억이 넘는 돈을 잃었다. 잃은 돈을 복구하기 위해 카지노에 갔다가 그만 더 크게 일을 벌이고 말았다. 그는 하루아침에 알거지가 되었다. 뿐만 아니라 아내에게 이혼을 당했고, 가족들로부터도 철저하게 외면당하고 말았다. 심심풀이로 한 카드가 그의 인생을 송두리째 바꾸어 놓은 것이다.

H의 지인 얘기만은 아니다. 영업사원이 수금한 돈으로 게임을 하다 인생을 망치고, 의사인 사람이 카드에 빠져 하루아침에 병원을 날리기도 한다. 공무원이 게임에 빠져 파면을 당하고, 집 살 돈을 갖고 카지노에 갔다가 하룻밤에 돈을 날려 거리에 나앉기 일쑤다. 지금 우리 사회는 이루 말할 수 없이 많은 사람들이 인생 한 방을 믿으며 노력을 엉뚱한 곳에 쓰고 있다. 카지노엔 돈을 잃고 오갈 데 없는 사람들로 들끓는다고 한다. 모두가 본분을 잊고 한 방의 노예가 되어 꿈도, 가족도, 인생도 모두 날려 버린 이 시대의 유랑자들이다.

독일의 시성 괴테는 말했다.

"손쉽게 획득한 것은 마음에 들지 않는다. 힘들여 손에 넣은 것이 나를 기쁘게 한다."

힘들이지 않고 요행이나 바라는 인생 한 방은 가치가 없는, 뿌리 없는 나무에 불과하다. 수천억이 넘는 돈을 복권으로 얻은 사람이 채 몇 년도 안 돼 알거지가 되는가 하면, 수백억의 돈을 운 좋게 손에 쥔 젊은이가 하루아침에 날려 버리고 세차장에서 일한다는 기사를 본 적이 있다. 인생 한 방으로 얻은 행운은 또 다시 한 방으로 가고 마는 것이다.

인생의 절반쯤을 살아가는 40대들은 특히 잘 새길 필요가 있다. 인생 40대는 누차 하는 얘기지만 직장에서나 사회적으로나 가장 중심축을 이루는 세대이다. 인생의 허리에 해당하는 40대엔 유혹도 많고, 관심 대상도 많다. 40대는 생각이 많고, 마음이 가장 흔들리는 시기이다. 이처럼 소중한 시기에 인생 한 방을 좇아 방황하다가는 자신과 함께 사랑하는 가족들에게도 씻을 수 없는 상처를 남겨 주고 만다.

"최후의 승리는 출발점의 비약이 아니다. 결승점에 이르기까지의 충실한 노력이다."

미국 백화점의 왕이라고 불리는 존 워너메이커의 말이다. 참으로 의미 있고 귀한 말이 아닐 수 없다. 워너메이커는 인생을 성실하고 낭비 없이 살았던 사람이다. 그는 모든 사람들이 귀감으로 삼을 만큼 모범적인 삶을 살았다. 인류에게 꿈과 희망을 남기는 사람들은 인생 한 방 따위 꿈도 안 꾼다. 그들이 믿는 것은 오직 자신의 열정과 땀방울이다.

행복하게 살고 싶은가? 그렇다면 행복해지기 위해 노력하라. 절대로 인생 한 방을 믿어선 안 된다. 오직 자신의 노력을 믿어라. 비록 지금은 감당하기 힘들 만큼 어려워도 잘 극복하면 가장 행복하고 가치 있는 인생을 살게 될 것이다.

50cm가 되기 전에 이것만은 꼭!

지금 나는 정당한 노력을 하고 있는지를 가끔 스스로에게 물어보라. 스스로 자신을 검열할 필요가 있다. 잘못된 길을 가고 있다면 즉시 빠져나와야 한다. 머뭇거리다간 인생의 깊은 수렁에서 헤어나지 못하고 영영 어둠의 자식이 되어 슬피 우는 고통을 얻게 될 것이다.

"당신은 당신 운명의 건축가이고, 주인이며, 운전기사이다. 당신이 할 수 있는 것, 가질 수 있는 것, 될 수 있는 것에 한계란 없다."

비즈니스 컨설턴트이자 성공 전략가인 브라이언 트레이시의 말이다. 그의 말처럼 자신의 운명은 스스로 결정한다는 사실을 잊어서는 안 된다.

CHAPTER ⑤

평생을 함께할
파트너를 곁에 둬라

인생은 걸어가는 그림자. 자기가 맡은 시간만은 무대 위에서 우쭐대고 안달하지만,

그것이 지나가면 잊히고 마는 가련한 연극배우.

_1

미리 쓰는 유언장은
경건한 자세를 갖게 한다

언젠가 삶의 마지막을 대비하기 위해 미리 쓰는 유언장을 주제로 한 프로그램을 본 적이 있다. 프로그램 중엔 관에 누워 보는 체험도 있었다. 참가자 대부분이 처음엔 '이게 대체 무슨 시추에이션인가' 하는 표정이 역력했다. 그러다 시간이 지나면서 서서히 사람들의 표정이 진지해졌다. 자신이 쓴 유언장을 읽을 땐 흐느끼기 시작했다. 그 사람을 바라보는 사람들의 눈에도 물기가 고여 반짝거렸다. 일종의 상황극처럼 꾸민 프로그램이었지만, 가상의 죽음 앞에서도 사람들은 진지해졌다. 죽음이 엄숙하고 경건한 자세를 갖게 하는 장엄하고 진지한 인생 과제라는 점을 알 수 있었다.

프로그램에 참여한 사람들이 느낀 공감은 다음과 같다. 첫째, 보다 진지하고 엄숙하게 살아야겠다. 둘째, 가족을 비롯한 사랑하는 사람들을 보다 많이 사랑해야겠다. 셋째, 자신에게 주어진 일을 보다 열심히 해야겠다. 넷째, 타인을 위해 봉사하며 살아야겠다.

삶과 죽음은 인간에게 있어 가장 근원적인 문제지만, 한편으론 가장 형이상학적인 철학이라고 할 수 있다. 40대란 나이는 인생에서 가장 중요한 시기여서 많은 문제가 발생된다. 많은 문제 중 하나는 바로 갑작스런 세상과의 이별이다. 정신적으로나 육체적으로 가장 힘든 때가 40대며, 과로로 쓰러지는 사람들이 제일 많은 층도 40대이다. 나는 40대에 미리 유언장을 써 놓았다. 40대에 유언장을 쓴 데는 그만한 이유가 있었다. 그에 대한 이야기이다.

내가 아끼는 후배가 있었다. 근면하고 성실하고 예의가 발라 무척 아꼈다. 이사를 가는 바람에 후배와 떨어져 살았지만, 언제나 소식을 듣고 있었다. 후배는 직장 생활도 똑똑하게 잘해 회사의 신망이 두터웠다.

모든 삶이 평탄하기만 한 그였는데, 뜻하지 않은 일이 발생했다. 그가 출장을 다녀오다 그만 사고를 당한 것이다. 음주 차량이 그의 차를 사정없이 들이받았다. 그 사고로 아까운 목숨을 잃고 말았다. 개념 없는 몹쓸 사람으로 인해 전도양양한 후배가 억울하게 세상과 이별을 하고 말았다.

나는 소식을 듣고 큰 충격을 받았다. 더구나 엄마 없이 키우던 어린 딸을 생각하니 가슴이 미어져 견딜 수가 없었다. 그 어린 딸이 아빠도 엄마도 없이 살아갈 일을 생각하니 나까지 숨통이 막혀

왔다. 후배는 가족을 비롯한 그 누구에게도 한마디 말도 남기지 못한 채 허무하게 가고 말았다.

후배의 안타까운 죽음이 나로 하여금 미리 유언장을 써 놓게 했다. 나는 평소 생각했던 그대로 유언장을 썼다. 유언장을 써 내려가자 마음이 숙연해지다 곧 담담해졌다. 그러다 어느 순간에 이르자 나도 모르게 갑자기 눈물이 왈칵 쏟아지고 말았다. 마치 지금 세상과의 이별을 앞두고 있는 듯했다. 문득 지금의 삶이 그토록 엄숙하고 고마울 수가 없었다. 내가 사랑하는 가족, 사랑하는 사람들과 함께 숨 쉬고 사는 지금이 그렇게도 감사했다. 나는 눈물을 흘리며 유언장 쓰기를 마쳤다. 삶에 대한 마음이 한층 진지해졌고, 하루하루를 열심히 살자고 거듭 다짐하고 다짐했다.

인간은 누구나 언젠가는 이 세상과 이별을 한다. 그걸 모르고 영원히 살 것처럼 발버둥치고, 내 것이 제일인 양 살아간다. 그래 봤자 인간은 유한한 존재일 뿐이다. 사람들은 그것을 잊고 산다. 그러다 보니 해악한 일을 일삼고, 남의 아픔을 아랑곳하지 않고, 자신만 잘되면 그만이라는 듯이 살아간다. 그런 삶이 얼마나 모순되는지 알아야 한다. 그렇지 않으면 후회만 남기는 어처구니없는 인생이 될 것이다.

"인생은 걸어가는 그림자. 자기가 맡은 시간만은 무대 위에서 우쭐대고 안달하지만, 그것이 지나가면 잊히고 마는 가련한 연극

배우."

영국 최고의 시인이자 극작가인 셰익스피어의 말이다. 잊히고
마는 인생을 사는 사람은 참으로 보잘것없는 존재가 아닐 수 없다.
어떻게 해야 잊히지 않는 인생으로 기억될 수 있을까. 고대 로마의
황제이자 철학자인 마르쿠스 아우렐리우스는 다음과 같이 말했다.

"인생은 짧다! 무슨 일이든지 이성과 양심이 명령하는 대로 살
도록 힘쓰고, 여러 사람들의 행복을 위해서 마음을 써야 한다. 그것
이 인생의 가장 값진 열매를 얻는 비결이다."

삶은 이성과 양심에 따라 살아야 한다. 내가 아닌 타인의 행복을
위해 살 때 더 큰 행복을 맛보며 살게 된다. 유언장을 미리 써본 사
람들은 말한다.

"유언장을 쓰기 전과 쓰고 나서의 마음가짐이 이렇게 다를 수
있다니!"

인생 40대는 참으로 소중하다. 40대를 어떻게 사느냐에 따라 남
은 인생이 결정된다. 지금 당장 펜을 들고 거울을 보라. 자신에 대
해 경건하고 엄숙하게 생각하며 유언장을 써 나가라. 당신도 분명
확실하게 달라지는 자신을 느끼게 될 것이다.

40대는 어느 시기보다도 할 일이 많고 중요한 역할을 하는 시기다. 그런 만큼 가정에서나 직장에서 책임감이 크다. 책임감이 크다 보니 불미스러운 일도 가장 많이 일어난다. 가장 왕성하게 활동의 보폭을 넓혀 가는 40대인 만큼 미리 유언장을 써보는 것도 좋다.

유언장을 써보면 삶이 참 소중하다는 사실을 깨닫게 된다. 가족을 더욱 사랑해야겠다는 마음도 들고, 좀 더 행복하게 살아야겠다는 다짐도 하게 된다. 미리 유언장을 써보라. 자신을 더욱 사랑하게 될 것이다.

일주일에 한 번은
부부끼리 수다를 떨어라

"**나이가** 들고 보니 자식새끼들 다 소용없어. 키울 때나 자식들이지, 짝 맞추어 떠나면 그걸로 끝이야. 어디 그뿐인가. 녀석들이 잘살아야지 하는 생각이 한시도 떠나지 않아. 자식은 평생 짊어지고 가야 하는 인생의 짐이야. 젊었을 땐 몰랐는데, 나이 들고 보니 할멈이 최고야."

일흔이 넘은 어르신 말이다.

체육공원에 갔더니 할아버지와 할머니가 돗자리를 펼쳐 놓고 김밥과 과일을 드시고 있었다. 서로를 위하는 모습이 한눈에 보기에도 금실이 참 좋은 노부부였다. 그 모습을 보고 그냥 지나칠 수 없어 가까이 다가가 인사를 건넸다.

"보기가 너무 좋으십니다."

"그래? 그렇게 말해 주니 고맙군."

나는 궁금증이 많은 아이처럼 물어보았다.

"두 분께선 늘 함께 다니시나요?"

"그럼. 우린 늘 함께 다녀."

할아버지는 당연하다는 듯이 말했다.

"할머닌, 좋으시겠어요. 어르신께서 많이 위해 주시니."

"그래요. 나는 참 복이 많은 여자예요."

할머니는 수줍은 듯 웃으셨다.

나는 할머니 말을 듣고 놀라운 사실을 발견했다. 할머니는 자신을 '복 많은 여자'라고 표현했다. 대개 여성 노인들은 스스로를 할머니라고 칭하지, 여자라고 말하지 않는다. 할머니는 자신을 '여자'라고 말한 것이다. 할아버지의 각별한 사랑이 할머니가 스스로를 아직도 여자라고 느끼는구나 하고 생각했다.

할아버지는 마트를 가든, 친구들 모임에 가든, 산책을 하든 늘 할머니와 함께한다고 했다. 할아버지가 그러는 데는 이유가 있었다. 할아버지는 젊은 시절에 산림 공무원을 하는 관계로 외지를 많이 떠돌았다고 했다. 할머니와 함께할 시간이 많지 않았다. 세월이 지나 정년 퇴임을 하고 나니 할머니에게 많이 미안했다. 지금부터라도 젊었을 때 하지 못했던 것, 구경하지 못했던 것을 해보기로 결심하고 연애하는 마음으로 살고 있다고 했다.

처음 얼마간은 할머니가 몹시 어색해했다고 한다. 마치 몸에 맞지 않은 옷을 입었을 때처럼. 그만큼 할아버지와 할머니 사이에는 보이지 않는 마음의 벽이 가로놓여 있었다. 두 분은 처음엔 이런저런 애기를 하며 마음을 털어놓았다. 시간이 지나면서 마음의 벽이 허물어지고 자연스러워졌다. 지금은 너무 좋다고 했다. 두 분과의 만남은 내게 많은 생각을 갖게 했다.

우리나라 젊은 부부들은 과거에 비해 둘이 함께하는 시간을 많이 가지려고 한다. 둘만의 시간을 소중하게 생각한다. 하지만 40대만 하더라도 일이 바빠 둘만이 함께하는 시간이 별로 없다. 설령 시간이 난다고 해도 골프를 치러 가거나, 낚시를 가거나, 친구들끼리 모여 술 마시고 잡담하는 걸로 시간을 보내기 일쑤다. 자연히 부부끼리 단절되는 경우가 많다.

"함께 있어도 별로 할 말이 없어요."

언젠가 설문 조사에서 어떤 여성이 했던 말이다. 대화의 단절은 서로의 마음에 보이지 않는 벽을 치게 한다. 작고 불쾌한 일에도 쉽게 부딪치고 흥분하며, 서로의 마음에 짙은 앙금을 남기곤 한다. 대화가 없거나 부족한 부부는 작은 일조차도 소통하는 데 어려움을 느낀다. 대화의 훈련이 되지 않아서다. 문제가 자주 생기고 쌓이다 보니 서로에게 상처를 남기게 된다.

인간관계에 있어 대화는 마음의 문을 여는 소통의 창구다. 대화를 많이 나누는 부부는 서로에 대한 이해심이 높고, 배려하는 마음이 크다. 부부간에 소통을 돕는 가장 좋은 방법은 일주일에 한두 번은 둘만이 수다를 떠는 시간을 가지는 것이다.

시간도 없는데 무슨 둘만의 대화를 나누라는 말이냐고 반문하는 이들도 있을 것이다. 웃기는 얘기다. 아무리 바빠도 마음만 먹으면 얼마든지 둘만의 시간을 만들 수 있다. 어디까지나 서로에 대한 성의의 문제이다.

경문은 외아들로 자라 독선적이고 이기적인 면이 있다. 그는 자신이 원하지 않으면 어떤 일도 하려고 하지 않는다. 가장 큰 피해자는 언제나 그의 아내다.

아내는 4남매의 맏이로, 상대에 대한 이해심이 깊고 배려심도 좋은 여자다. 그녀는 어딜 가든 사람들로부터 환영을 받는다. 유독 남편만은 그녀를 무시하고 하찮게 여겼다. 아내는 성질 더러운 경문의 일거수일투족을 불평 없이 묵묵히 받아 주었다.

하지만 아무리 그녀가 바다처럼 넓은 사랑을 지녔다 해도 그녀 역시 사람이다. 어느 날 일찍 퇴근한 경문은 아내가 없자 전화를 해 야단법석을 떨었다. 남편의 호출을 받은 아내는 급히 집으로 들어왔다.

사실 그녀의 마음속엔 오늘만큼은 그냥 넘어가지 않겠다는 생각으로 가득 차 있었다. 그녀는 둘째 아이 학교에서 봉사 활동에 참여했던 터였다. 그에 대해 이미 경문에게 얘기해 두었다. 그런데도 경문은 아랑곳하지 않고 성깔을 부려 댔던 것이다.

그녀가 현관문을 열고 들어오기 무섭게 경문은 소리를 지르고 가관도 아니었다. 그녀는 아무 말 없이 남편이 하는 꼴을 지켜볼 뿐이었다. 한참을 떠들어도 일언반구가 없자 제 풀에 지친 경문은 침대에 벌렁 누워 씩씩거리기만 했다. 그날 밤 그녀는 고등학교 2학년인 딸아이와 중학교 1학년인 아들아이에게 이야기하고, 당분간 친정에 가 있기로 작전을 짰다.

다음 날 퇴근한 경문은 그녀가 또 없자 다시 전화를 하며 난리를 쳤다. 그녀는 일절 전화를 받지 않았다. 아이들도 마찬가지였다. 그제야 심상찮은 분위기를 눈치 챈 경문은 아내가 써 놓은 편지를 보게 되었다.

'경문 씨, 지금의 당신은 예전에 내가 사랑했던 남자가 아닙니다. 독선과 아집으로 똘똘 뭉쳐진 제멋대로인 남자일 뿐입니다. 난 언제나 당신을 이해하려고 노력했지요. 왠지 알아요? 어쨌든 당신은 내가 사랑해서 선택한 남자니까요.

그러나 이젠 아닙니다. 더 이상 당신을 그대로 받아 줄 수 없습니다. 더는 억울해서 그냥 있을 수 없습니다. 지금부터 일주일 동안 시간을 주겠어요. 지금의 당신으로 사느냐, 처음 우리가 함께했을 때처럼 이해하고 사랑하며 사느냐를 선택하기 바랍니다.

만약 당신이 오만한 마음과 행동을 버리지 않는다면 나는 더 이상 미련을 두지 않겠어요. 이것은 단순한 엄포가 아닙니다. 당신의 선택을 기다리겠어요.'

편지를 읽고 난 경문의 얼굴이 일그러졌다. 그는 분을 삭이지 못하고 의자를 들어 던져 버렸다. 그렇다고 화가 풀릴 리 없었다.

"좋아. 한번 해보자구, 누가 이기나."

경문은 이를 바득 갈았다.

하루가 가고, 이틀이 가고, 사흘이 지나자 집안 꼴이 말이 아니었다. 옷가지가 벗어 놓은 채로 널려 있고, 입고 출근할 와이셔츠도 없었다. 아내가 집을 비운 지 5일 만에 경문은 아내 없이 혼자서는 아무것도 할 수 없다는 사실을 깨달았다. 그동안 아내가 얼마나 헌신적이었는지를 똑똑하게 알게 되었다.

경문은 자리에서 일어나 앨범을 꺼냈다. 젊은 시절 그렇게도 사랑했던 여자인 아내. 그런 아내를 함부로 대했다고 생각하자 자신도 모르게 눈물이 흘러내렸다.

"내가 미쳤군. 정말 미쳤어."

경문은 지금도 아내를 몹시 사랑하고 있다는 걸 알았다. 그녀 없인 한시도 살 수 없다고 생각했다. 그는 예전으로 돌아가기로 굳게 다짐하였다.

다음 날 경문은 아내가 좋아하는 장미를 예쁘게 포장해 처가댁을 찾아갔다. 그는 무조건 아내 앞에 무릎을 꿇었다.

"미안해. 내가 잘못했어. 당신이 내게 얼마나 소중한 사람인지를 뼈저리게 반성했어. 무엇보다 지금도 당신을 너무 사랑한다는 걸 알았어. 용서해 줘. 앞으로 정말 잘할게."

"그 말 믿어도 돼요?"

"응. 사나이로서 맹세할게."

"고마워요. 당신을 믿을게요."

그 일이 있고 나서 경문은 완전히 다른 사람이 되었다. 그들 부부는 아무리 바빠도 일주일에 두 번은 둘만이 수다 떠는 시간을 갖는다. 외식을 하거나 산책을 하며 아무것도 아닌 말도 깔깔대며 이야기한다. 둘만의 이야기를 하다 보면 비밀이 없다. 둘의 신뢰는 더욱 깊어졌고, 배려하고 이해하는 마음도 한층 짙어졌다. 그들 부부는 누구보다 행복한 시간을 보내고 있다. 그들 부부를 보며 대화는 깊은 사랑을 위한 소통의 창구라는 사실을 새삼 느꼈다.

내가 문학 강의 중에 시의 주제에 맞는 이야기를 하다가 부부간에 수다를 떨어 보라고 했다.

"무슨 말로 수다를 떨어요? 우리 남편은 완전 벽이에요."

수강생들이 한바탕 깔깔대며 웃었다.

"벽도 뚫는 방법이 있지요. 처음엔 어색해도 무슨 얘기든 해보세요. 하다 보면 통하게 됩니다."

나는 경문 부부의 이야기를 들려주었다. 수강생들은 고개를 끄덕이며 무언가 결심하는 눈치가 역력했다.

수다를 떠는 부부가 더 행복하다. 틀림없는 사실이다. 부부 사이가 좋은 사람들을 보면 알 수 있다. 그들은 별것도 아닌 얘기에도 배꼽을 잡고 깔깔거린다. 앞에서 얘기했던 노부부나 경문 부부처럼 시간이 날 때마다 수다를 떨어라. 아니, 시간을 만들어서라도 수다를 떨어라. 부부의 수다는 행복의 지수를 높이는 청량제이다.

'부부의 수다'는 참 좋은 행복의 수단이다. 대화를 많이 하는 부부일수록 문제가 적고, 그런 만큼 행복의 지수가 높다. 사소한 일도 모두 이야기하면 서로에 대한 믿음이 깊어진다. 무언가를 자꾸만 덮어 두고 숨기려는 부부일수록 문제가 많다. 그만큼 비밀이 많기 때문이다.
부부끼리 수다를 떨어라. 수다를 떠는 부부가 더 행복해진다.

_3

상처를 준 사람이 있으면
오십이 되기 전에 사과하라

인생을 1막, 2막으로 나누었을 때 오십대란 나이는 인생의 2막을 새롭게 시작하는 시기이다. 40대는 1막과 2막의 중간 시기이다. 40대를 잘 보내야 2막 인생의 시작기인 50대를 잘 맞이할 수 있다. 좋은 일은 잘 간직하고 가져가야 하지만, 나쁜 일은 털어 버리고 가는 것이 좋다. 새 술은 새 부대에 담아야 한다는 말이 있다. 새 술을 헌 부대에 담으면 어떻게 될까. 술이 흠집 난 곳으로 새거나 술맛이 변할 수도 있다.

50대를 살다 보니 인생에서 인간관계의 필요성과 중요성을 더욱 느끼게 된다. 과거엔 대수롭지 않게 생각했던 사람들도 새로운 시각으로 바라보게 된다. 가급적이면 내가 먼저 양보하고, 다가가고, 화나는 일을 겪어도 참는다. 나쁜 것을 봐도 이해하는 마음으로 대한다. 나이가 들어간다는 것은 새로운 인간관계를 만들어 가는 것과 같다.

　까칠하고 남에게 지기 싫어하는 Y가 있다. 그는 원칙을 중요시하고 원칙에서 벗어나는 것을 용납하지 못한다. 그것이 자신이든 가족이든 친구든, 누구라도 그의 상식에서 벗어나면 절대 용납하지 못했다. 철저하게 원칙을 지키고 사니 남에게 실례가 되는 일이나, 자신으로 인해 고통을 겪는 일은 절대로 하지 않았다. 한마디로 조선시대 올곧은 선비의 전형적인 모습이었다.

　하루는 친구와 사소한 일로 등을 지는 일이 발생했다. 아무렇지도 않게 생각하면 될 일이었지만, 오히려 그것 때문에 그는 용납하지 못했다. 친구 역시 원칙을 중요시하는 사람이었고, 남에게 절대로 상처를 주는 말과 행동을 하지 못하는 사람이었다. 유유상종이라는 말이 있듯 둘은 매우 모범적인 사람이었고, 올곧은 성품을 가졌다. 하지만 누구 하나 자신을 먼저 굽히지 않았다. 큰일에선 서로 양보도 잘하고 배려도 잘하던 사람들이 작은 일에서는 서로 양보가 없었다. 자존심을 다친다고 생각했다.

　그들은 식사를 마치자마자 등을 돌리고 각자의 집으로 갔다. 그날 이후 수년이 지나도록 일체 전화를 하거나 만나지 않았다. 그러는 가운데 그들의 나이도 사십대 마지막을 보내는 시기에 다다랐다.

　Y는 곧 50대에 들어선다고 생각하니 마음 한구석이 허전하고

텅 빈 듯한 생각에 왠지 쓸쓸함을 느꼈다. 그의 쓸쓸함은 가족이 곁에 있어도 그렇고, 사람들과 함께하면서도 가시지 않았다. 날이 가면 갈수록 쓸쓸함의 깊이는 더욱 깊어만 갔다.

그러던 어느 날 책속에서 웬 쪽지를 발견했다. 쪽지를 펼치는 순간 그의 눈은 반짝이며 섬광을 일으켰다. 오랫동안 잊고 지냈던 친구의 이름이 쓰여 있는 편지였다. 대학 시절 친구가 그에게 보낸 거였다. 당시 Y는 시골에 있었다. 여름방학을 맞아 시골에서 봉사 활동을 하고 있었는데, 친구가 그를 격려하기 위해 보낸 편지였다.

'Y에게

Y, 무더운 날씨에 고생이 많지? 남들은 바다로 산으로 휴가를 떠나는데, 너는 시골에서 봉사 활동을 하느라 여념이 없겠구나. 네 자신보다 타인을 먼저 생각하는 고결한 마음이 언제나 나를 감동의 숲으로 이끌곤 했지. 네가 곁에 있는 것만으로도 온 세상을 가진 듯 너무 행복하다. 지금에서야 하는 말이지만 널 존경한다. 네가 친구라는 사실이 너무 자랑스럽다.

Y, 보고 싶다. 비록 너와 함께하지 못하지만, 내 마음속엔 항상 네가 있다는 걸 잊지 마. 건강 잘 챙기기 바란다. 기쁨으로 다시 만날 날을 기대하며.'

편지를 읽어 내려가던 Y의 눈에서 눈물이 주르르 흘러내렸다. 자신을 생각하는 친구의 진심 어린 마음이 이십오 년이나 지난 지금 그의 마음을 울렸던 것이다.

편지를 읽고 난 Y는 망설임 없이 친구에게 전화를 걸어 만나자고 했다. 친구 역시 기다렸다는 듯이 흔쾌히 응했다. Y는 약속 장소인 레스토랑으로 향했다.

"Y! 여기야!"

친구는 Y를 보고 자리에서 일어나 소리쳤다.

"K! 오랜만이야!"

둘은 누가 먼저라 할 것도 없이 서로 부둥켜안았다. 둘의 눈에서는 반가움의 눈물이 흘러내렸다. 그들은 사람들의 시선 따윈 아랑곳하지 않았다. 잠시 동안 말없이 울던 그들은 서로의 손을 잡고 활짝 웃었다.

"Y, 우리 이제 멋지게 늙어 가자."

"그래. 그러자구."

둘은 두 손을 마주 잡으며 활짝 웃었다.

하늘의 뜻을 안다는 50대의 삶은 보다 성숙한 인간으로 완성되어 가는 길목과 같다. 지금이라도 풀지 못한 일이 있다면 50을 맞기 전에 풀어 버려라. 해묵은 감정이나 나쁜 기억들은 모두 날려 버려라. 맑은 마음으로, 기쁜 마음으로 50대의 첫발을 떼어 놓으라. 그 발길이 축복의 발길이 되어 당신의 삶을 평탄케 할 것이다.

해묵은 감정이란 말이 있다. 해묵은 감정은 자신이나 상대방에게 결코 도움이 되지 않는다. 글자 그대로 찜찜하고 개운치 않은 감정일 뿐이다. 이제 곧 50대를 맞는 40대들은 풀지 못한 감정을 갖고 있다면 말끔하게 풀어 버려라. 밝고 기쁜 마음으로 50대를 맞아들여라. 그러한 마음 자세가 유쾌하고 즐거운 인생 후반기를 이끌 활기찬 에너지가 될 것이다.

_4
절대로 과욕은 금물,
순리에 맞게 행동하라

불혹을 넘긴 나이에도 지나친 과욕을 버리지 못하는 사람들이 많다. 오직 내 주머니를 채우려는 생각으로 가득 차 있을 뿐이다. 물론 다다익선이란 말처럼 물질이란 많으면 많을수록 좋다. 하지만 순리를 좇아가는 물질이 아니라 과욕으로 물질을 좇아가는 일은 자칫 낭패를 부를 수 있다.

젊었을 때의 실패는 만회할 수 있는 기회가 많다. 40대만 되어도 실패를 만회할 기회가 그리 많지 않다. 40대란 시기는 인생의 중간지점이므로 안정적인 삶을 추구하는 시기이다. 잘못된 판단으로 40대를 안정적으로 이끌지 못하면 그 이후의 삶은 냉혹해질 수밖에 없다. 삶이 냉혹해진다는 것은 불행한 삶을 의미하기 때문에 최대한 막아야 한다. 이를 무시하고 더 많은 물질을 손에 넣기 위해 과욕을 부린다면 불행을 자초하는 일과 다름없다.

지인 중 D가 있다. 그는 호탕하고 기분도 낼 줄 아는 성품을 가졌다. 한마디로 사람 좋다는 말을 달고 사는 친구다. 그런 그에게도 버려야 할 나쁜 마인드가 있다. 과욕을 많이 부리는 것이다. 외모와는 다르게 귀도 얇아 그의 부인은 언제나 전전긍긍한다. 그가 무슨 일을 저지를지 몰라서다. 그동안 그의 지나친 과욕으로 인해 부인은 마음고생이 심했다.

D는 한번 마음먹으면 누구의 말도 듣지 않는다. 오직 자기 생각만이 모두인 양 올인을 한다. 그의 황소 같은 고집은 누구도 말리지 못하는 고질병이다.

그는 스포츠 매장을 운영하는데, 월 매출이 인근 스포츠 매장에 비해 높다. 지금 같은 상황에서는 살아가는 데 전혀 지장이 없다. 그런데도 그는 조갈증 나는 사람처럼 돈 버는 일에만 온통 생각을 집중한다.

하루는 그의 마음을 솔깃하게 하는 일이 생겼다. 새로운 의류 매장 모집 광고였다. D는 주저 없이 대리점 계약을 하였다. 여러 가지 호조건이 그의 마음을 흔들어 놓았다. 아내의 만류도, 친구들의 만류도 뿌리치고 자신의 생각대로 밀고 나갔다.

대리점을 오픈하고 처음 얼마간은 그럭저럭 지나갔다. 그런데 얼마 지나지 않아 문제가 생겼다. 처음 생각만큼 장사가 잘되지 않았다. 본사 지원도 애초와는 달리 흡족하지 못했다. 무리를 해서 매장을 얻고 문을 열었는데, 가겟세도 못 내는 지경에 이르고 말았다.

스트레스가 이만저만이 아니었다.

"내 말 안 듣고 고집을 피우더니 꼴좋네."

"내가 나 혼자 잘되자고 했어? 전부 당신하고 애들을 위해서지."

"툭 하면 애들하고 날 위해서라지. 이제 어떡할 거야?"

"뭘 어떡해? 다 되는 수가 있으니 걱정하지 마."

"어떻게 걱정을 안 해? 걱정거리를 만들어 놓고선."

"그 사람 참 말 많네."

"뭐가. 내가 틀린 말 했어?"

"그만해! 내가 알아서 할 테니까."

그의 아내와 D는 하루가 멀다 하고 부부 싸움을 벌였다. 화목했던 집안은 침울해지고, 아이들의 얼굴에서도 웃음이 사라졌다. 그야말로 상황이 완전히 변해 버린 것이다.

D는 이리저리 뛰어다녔지만, 누가 돈 쌓아 놓고 기다리는 것도 아니어서 여간 어렵지 않았다. 별수 없이 D는 가게를 정리하려고 내놓았다. 가끔 물어보기만 할 뿐 사겠다고 나서는 사람이 없었다. 결국 그는 손해를 보고 가게를 정리하였다.

그 일이 있고 나서 부부는 별거에 들어갔고, 별거한 지 일 년 만에 이혼을 하고 말았다. D의 지나친 과욕이 결국 그를 파산으로 몰고 간 것이다. 뒤늦게 후회해 봐야 이미 버스는 지나간 뒤였다.

비단 D만의 문제가 아니다. D와 같은 생각을 가진 사람들이 많다. 지나친 과욕은 항상 화를 부르는 법이다.

《탈무드》에 나오는 이야기이다.

어느 마을에 포도원이 있었다. 탐스러운 포도송이가 보는 것만으로도 침을 흘리게 했다. 이때 여우 한 마리가 포도송이를 보게 되었다.

"야! 저 탱글탱글한 포도 좀 봐."

군침을 흘리며 여우는 포도원 주위를 서성거렸다. 워낙 울타리가 단단히 둘러쳐져 있어 포도원 안으로 들어가기가 그리 쉬운 일이 아니었다. 여우는 궁리 끝에 살을 빼기로 했다. 살을 빼면 몸이 홀쭉해져서 울타리 사이로 들어갈 수 있을 거라고 생각했다. 3일 동안 아무것도 안 먹은 여우는 드디어 포도원으로 들어갈 수 있었다.

"과연 나는 머리가 비상하단 말이야."

여우는 큰소리로 웃으며 자신의 머리를 한번 쓰윽 쓰다듬었다. 그리고 나선 허겁지겁 탐스런 포도를 먹어 댔다. 먹는 데만 신경 쓰다 보니 어느새 배가 고무풍선처럼 빵빵해졌다. 여우는 트림까지 하며 뒤로 벌렁 누웠다.

잠시 후 여우가 포도원 밖으로 나가려는데 배가 빵빵해져 나갈 수가 없었다. 아무리 애를 써도 도저히 포도원 밖으로 나갈 수 없었다. 결국 여우는 3일을 꼬박 굶고서야 비실비실해진 몸으로 포도원 밖으로 나올 수 있었다.

여우는 지나친 욕심에 사로잡혀 신나게 먹어 댔지만, 결국 울타리를 빠져나오기 위해 먹은 만큼 굶어야 했다. 지나친 과욕은 어리석은 여우가 벌이는 짓과 같다. 지나친 과욕에 사로잡히면 상황 판단력이 떨어지는 법이다.

과욕은 일에서든, 삶에서든, 직장에서든, 사회에서든, 전쟁터에서든 부정적인 요소로 작용하는 경우가 많음을 간과해서는 안 된다. 특히 40대란 시기는 더욱 그렇다. 잘못 꺾은 핸들이 자동차를 절벽 아래로 몰아가듯 40대의 지나친 과욕은 결국 소중한 인생을 송두리째 절망의 바다로 몰고 간다.

인생의 후반기를 안전하게 항해하느냐, 아니면 고통의 파도에 휘둘리느냐는 본인에게 달린 문제다. 현명한 40대가 되어 인생 후반기를 멋지게 살아가라.

50대가 되기 전에 이것만은 꼭!

과욕은 절대 금물이다. 그만큼 득보다는 해가 된다. 그런데도 인간은 예로부터 현재에 이르기까지 과욕을 버리지 못한다. 과욕은 인간이기에 짊어지고 가는 인생의 등짐과도 같다. 등짐의 무게는 과욕을 부리느냐, 버리느냐에 달려 있다. 40대는 과욕의 유혹에 빠지기 쉬운 나이다. 인생에 대해 어정쩡하게 알고 있는 시기이기 때문이다. 지나친 과욕을 버리고 순리를 따라 살아가야 함을 명심하라.

마흔 살, 무조건 행복할 것

초판 1쇄 발행 2011년 11월 5일
초판 2쇄 발행 2011년 11월 20일

지은이 김옥림

펴낸이 박세현
펴낸곳 팬덤북스

기획위원 김정대
영업인 전창열
편집인 김종훈

주소 (우)121-250 서울시 마포구 성산동 275-56번지 203호
전화 070-8821-4312 | **팩스** 02-6008-4318
이메일 fandombooks@naver.com
블로그 http://blog.naver.com/fandombooks

등록번호 제25100-2010-154호
ISBN 978-89-94792-22-4 13320